21世纪企业经营智慧丛书

DIANSHI CHENGJIN
点石成金
企业风险投资的运作

主编⊙侯书生 余伯刚
本册主编⊙孔淑红

四川大学出版社

责任编辑：李勇军
责任校对：孙滨蓉
封面设计：刘建波
责任印制：王　炜

图书在版编目(CIP)数据

点石成金：企业风险投资的运作 / 侯书生，余伯刚主编. —成都：四川大学出版社，2015.7
ISBN 978-7-5614-8764-8

Ⅰ.①点… Ⅱ.①侯… ②余… Ⅲ.①企业管理-风险投资　Ⅳ.①F275.1

中国版本图书馆 CIP 数据核字（2015）第 159586 号

书　名	点石成金——企业风险投资的运作
主　编	侯书生　余伯刚
出　版	四川大学出版社
地　址	成都市一环路南一段 24 号（610065）
发　行	四川大学出版社
书　号	ISBN 978-7-5614-8764-8
印　刷	三河市天润建兴印务有限公司
成品尺寸	170 mm×240 mm
印　张	14.25
字　数	233 千字
版　次	2016 年 1 月第 1 版
印　次	2016 年 1 月第 1 次印刷
定　价	33.00 元

◆读者邮购本书，请与本社发行科联系。
　电话:(028)85408408/(028)85401670/
　(028)85408023　邮政编码:610065
◆本社图书如有印装质量问题，请
　寄回出版社调换。
◆网址:http://www.scup.cn

版权所有◆侵权必究

前言

随着当代高新技术产业突飞猛进地发展，知识经济已经成为21世纪全球经济发展的主旋律。从本质上讲，知识经济就是以现代高新技术经济为基础的知识密集型经济，在知识经济社会中，高新技术及其产业化，不仅是经济发展的发动机和增长源泉，而且正在成为时代的生力军和支柱。鉴于高新技术产业是一种高投入、高风险的产业，传统的投资方式很难有效地满足高新技术产业的资本需求，所以，一种颇具创意，凝聚知识经济时代特点的投资方式——风险投资脱颖而出，成为高新技术产业的孵化器和成长的催化剂。

20世纪50年代起源于美国，并在70年代后得到迅速发展的风险投资，一经出现就极大地推动了美国高科技产业的发展，牢固树立了美国在计算机技术、信息技术、微电子技术和生物工程技术等高科技领域内的世界领先地位。国外的经验表明，高新技术的发展需要风险投资，风险投资正逐步成为高新技术产业发展的"助推器"和经济增长的"发动机"。

风险投资虽然发祥于美国，然而却迅速扩展至全世界，包括中国在内的广大发展中国家都涌入了风险投资的大潮之中。在有了风险投资的经济时代，中国的企业将不再像旧经济形态下那

样创业艰难，资金也不再是制约人们创业的最大阻碍因素。风险投资正创造着一系列新的经济模式，一系列新的经济运行规则，它必将给中国整个经济领域的发展带来一场全新的变革。

在这新的变革时代，那些以知识拥有量、市场化水平及更新速度作为创业条件的时代精英们，正是以超前的敏锐目光捕捉到了风险投资这一能为他们提供大展身手的强大后盾，迅速地建立起一批新型企业，并成为中国经济发展中的新型的财富增长点。

虽然如此，风险投资在中国毕竟属于刚刚起步的新生事物，我国的绝大多数企业经营者对其尚缺乏深入细致地了解。因此，我们编写了这本《点石成金——企业风险投资的运作》，试图立足于国情、借鉴国外风险投资发展经验，探讨现阶段我国风险投资中存在的问题，以保证我国企业家充分掌握风险投资的发展趋势和规律，并帮助其在实践中对风险投资进行正确操作。

我国的风险投资是一个新兴的领域，所以本书在写作过程中，作者本着务实的精神，参照国外最新的资料，紧扣我国风险投资的发展现状，具有较强的可操作性和实践指导意义。我们希望本书能对那些具有开拓精神，有志于成就事业的企业经营管理者有所裨益。

需要特别指出的是，本书在编写过程中，引用了众多学者的研究成果，在此，一并向这些智者表示衷心的感谢。

编　者

2014 年 10 月

目 录

第一章 风险投资：高新技术产业的发动机

一、看清庐山真面目：认识风险投资 / 2

1. 追本溯源：风险投资的含义与特征 / 2
2. 知识经济与风险投资的互相借重 / 5
3. 强力推动经济发展：风险投资的巨大作用 / 7

二、风险投资是高新技术产业的发动机 / 10

1. 高科技产业存在着较高的投资风险 / 10
2. 风险投资推动高科技产业化的发展 / 13
3. 风险投资对高科技企业提供资本支持 / 14

三、发展风险投资需要完善风险投资体系 / 16

1. 风险投资体系支持高新科技成果产业化 / 16
2. 建立中国风险投资体系势在必行 / 17

第二章　国外风险投资发展状况

一、世界领先：美国风险投资的发展 / 22

1. 风雨之路：美国风险投资的发展历程 / 22
2. 美国风险投资的低谷与调整时期 / 23
3. 多种因素引起风险投资的再次复兴 / 24
4. 美国风险投资发展的辉煌时期 / 25
5. 21世纪以来美国风险投资的大落大起 / 25
6. 美国风险投资的专业化投资战略 / 26
7. 美国发展风险投资的主要经验 / 26

二、欧洲国家风险投资的发展状况 / 28

1. 欧洲风险投资发展概况 / 29
2. 风险投资在欧洲主要国家的发展 / 30

三、亚洲国家风险投资的发展状况 / 31

1. 日本风险投资的发展 / 31
2. 新加坡风险投资的发展 / 33
3. 韩国风险投资的发展 / 34
4. 印度风险投资的发展 / 36

第三章　我国风险投资的现状与思考

一、我国风险投资的兴起与发展 / 40

1. 我国风险投资的发展历程 / 40
2. 我国风险投资的现状 / 43
3. 制约我国风险投资发展的主要因素 / 45
4. 我国风险投资的发展潜力与发展前景 / 47

二、发展我国风险投资的战略性措施 / 48

1. 健全风险投资的法律体系 / 48
2. 进一步拓宽风险资本的来源 / 50
3. 转变政府角色与强化政府的职能 / 53
4. 大力培育风险投资人才 / 56

三、建立完善我国的风险投资机制 / 57

1. 完善市场化的风险资本运作机制 / 57
2. 健全风险企业的运作机制 / 58
3. 建立有效的风险资本退出机制 / 58

第四章　风险企业的融资需求

一、什么样的企业需要风险投资 / 62

1. 高科技企业对风险投资的需求 / 62

2. 高成长企业对风险投资的需求 / 64

3. 中小型企业对风险投资的需求 / 64

二、风险企业融资需求的预测方法 / 66

1. 融资需求的比率预测法 / 66

2. 融资需求的资金性态预测法 / 68

三、融资评价的原则与融资方式的选择 / 70

1. 风险企业融资评价的原则 / 70

2. 风险企业融资方式的选择 / 71

第五章 风险企业如何获得风险投资

一、争取风险投资的必要准备 / 74

1. 努力创造获取风险投资的必要条件 / 74

2. 着手选择风险投资公司 / 75

3. 准备好必要的文件 / 76

二、获得风险投资的具体步骤 / 81

1. 与风险投资公司接洽 / 81

2. 与风险投资公司会谈 / 82

3. 进行风险投资的价格谈判 / 83

4. 签署风险投资合同 / 84

5. 寻求风险投资的注意事项 / 85

三、创业者与风险投资者的合作 / 86

    1. 正确认识与风险投资者的关系 / 86

    2. 合作期间创业者应注意的问题 / 87

第六章 风险投资的主体

一、资金来源：风险资本的供给者 / 92

    1. 政府资助：最稳定的资金来源 / 92

    2. 大企业投资：市场机制作风的结果 / 93

    3. "非挂牌证券市场"和"第二股票市场" / 94

    4. 个人投资：资金潜力巨大 / 95

    5. 科研机构自筹资金：投资规模较小 / 96

    6. 商业银行贷款：需要政府的信用担保 / 97

    7. 机构投资者资金：需要控制风险 / 97

    8. 国外投资：可观的资金来源 / 98

二、创业基金：风险投资的重要组织形式 / 98

    1. 创业基金的特点 / 98

    2. 创业基金的运作 / 99

三、风险投资公司：风险资本的运作者 / 101

    1. 风险投资公司的主要形式 / 101

    2. 风险投资的其他衍生形式 / 105

    3. 风险投资的国际合作模式 / 105

4. 风险投资的服务机构 / 106

第七章　风险投资的操作流程

一、风险投资项目的确定 / 110

1. 风险投资项目的产生与筛选 / 110
2. 责任审查与投资决策依据 / 113
3. 风险投资的三条准则 / 116
4. 风险投资需要重点考虑的问题 / 117
5. 风险投资方案的确定过程 / 120

二、谈判和签订投资协议 / 122

1. 各方利害分析 / 122
2. 谈判阶段投资者要注意的基本点 / 123
3. 风险投资者在谈判中要注意的关键问题 / 124

三、风险投资的管理与监控 / 126

1. 组建董事会，制定企业策略 / 126
2. 策划追加投资，监控财务业绩 / 128
3. 挑选和更换管理层 / 129
4. 及时地进行危机处理 / 130
5. 影响管理参与程度的因素 / 131
6. 投资方对风险资本家的制约 / 132
7. 风险资本家对风险企业的监控和对创业家的筛选 / 133

    8. 风险控制的十大有效方法 / 136

四、风险投资的退出：实现投资回报 / 138

    1. 公开上市：优先考虑的退出方式 / 138

    2. 兼并收购：容易成功的退出方式 / 143

    3. 偿付协议：候补性质的退出方式 / 149

第八章　对风险投资项目和目标企业的评估

一、风险投资项目评估的理论基础 / 152

    1. 投资项目的收入流量 / 152

    2. 资金的时间价值 / 154

    3. 项目投资的收益和风险 / 154

二、风险投资项目评估的模式 / 157

    1. 风险投资项目中现金流量的确定 / 157

    2. 包含风险因素在内的综合贴现利率的确定 / 159

三、风险投资项目经济性评价与选择 / 164

四、风险投资家对目标企业的评估 / 166

    1. 成功的风险创业家应该具有的素质 / 167

    2. 开发和管理团队的形成 / 171

    3. 持久的竞争优势 / 171

第九章 风险投资中介机构

一、风险投资与投资银行 / 176

1. 风险投资与资本市场 / 176

2. 风险投资中的投资银行 / 178

3. 风险投资与投资银行的分离 / 182

二、风险投资与会计师 / 184

1. 会计师的一般作用 / 184

2. 会计师在风险投资中的作用 / 185

三、风险投资与律师 / 186

1. 风险投资为什么需要律师 / 186

2. 律师在风险投资中的作用：缔结契约 / 186

四、风险投资与独立金融经纪人 / 187

1. 什么是独立金融经纪人 / 187

2. 新兴公司如何选用独立金融经纪人 / 188

第十章 风险投资的风险管理

一、风险投资中的风险分类 / 190

1. 风险投资中的逆向选择风险 / 190

2. 风险投资中的道德风险 / 190

  3. 风险投资中的技术风险 / 191

  4. 风险投资中的市场风险 / 192

  5. 风险投资中的管理风险 / 193

  6. 风险投资中的再融资风险 / 195

二、风险投资的风险分析 / 196

  1. 风险投资中的风险识别 / 197

  2. 风险投资中的风险估计与评价 / 199

三、风险投资的风险管理工具 / 202

  1. 风险投资的风险回避 / 203

  2. 风险投资的风险转移 / 204

  3. 风险投资的风险分散 / 205

  4. 风险投资的损失控制 / 206

四、风险投资的风险管理措施 / 207

  1. 风险资本投入之前的风险防范措施 / 208

  2. 风险资本投入之后的风险防范措施 / 211

  3. 市场环境与投资风险的缓解机制 / 213

风险投资：
高新技术产业的发动机

  任何创业，都是风险与商机并存。而风险投资的出现，使得当代的创业者不再为囊中羞涩而止步。特别是创办高新技术企业，有了风险资本的投入，即有了创业成功的可能，甚至会呈现无限风光。有人因此而将风险投资称之为孵化商界王者的摇篮。其实，就其功能作用而言，风险投资更像是助力高新技术腾飞的火箭。这可以从当年的搜狐与今天的阿里巴巴发展之路上找到最有说明力的证明。

一、看清庐山真面目：认识风险投资

风险投资国外亦称为创业投资，是以非传统的融资方式来支持科技事业的发展，是创业投资家为追求高额的利润，而与科技、市场、财务等经营管理人才智慧结合的结果，在充裕的资金协助之下，施展其抱负，实现其理想。

1. 追本溯源：风险投资的含义与特征

（1）风险投资的含义与本质

所谓风险投资（即创业投资）是由风险投资家出资，协助具有专门技术而无法获得资金的技术创业家，并承担创业之高度风险。创业投资家以专业知识主动参与经营，使被投资企业能够健全经营，迅速成长，创业投资家可于被投资企业经营成功后，将所持有之股票卖出收回资金，再投资于另一新创事业，周而复始进行长期投资并参与经营之行业。**创业投资家以获取股息、红利及资本利得为目的，其最大特征乃在于甘冒较大的风险，以获得巨额资本利得。**

在我国，风险投资的含义有广义和狭义两种。广义的风险投资泛指一切具有高风险、高潜在收益的投资活动，狭义的风险投资则指以高新技术为基础的，生产经营技术密集型产品的投资。由于高技术开发具有很大的不确定性，即潜在风险，同时它又具有潜在的高收益性，所以称之为风险投资。通常所说的风险投资即指此类高新创业风险投资，其目的是通过高新技术的商品化取得高资本收益。

由上可见，**风险投资在本质上是一种高科技与金融相结合，将资金投入风险极大的高新技术开发生产中，使科技成果迅速转化为商品的新型的投资机制**，是高新技术产业化过程中的一个资金有效使用的支持系统。

（2）风险投资的基本特征

风险投资与传统的投资理念截然不同，具有以下几个基本特征。

①**风险投资的投资方向主要集中于高科技领域。**一般而言，风险投资就是对高风险项目或企业的投资。而高风险的项目或企业往往是具有开拓性和创新性的项目或企业，主要存在于高科技领域。风险投资所追求的目标，就是高科技成果商品化、产业化后所能够获取的高资本收益。受风险投资可能带来的高收益的吸引，风险投资具有很强的选择性，高新技术产业成为风险投资的重点。从具体行业来看，风险投资主要集中在信息产业和生命科学领域。

②**风险投资的投资对象是新兴的、迅速发展的、具有潜在高成长性的中小企业。**从欧美等发达国家经验来看，风险投资的直接受益者是中小企业。这是因为，一般金融投资主要支持市场相对稳定、技术成熟程度较高的产品或企业。高新技术产业的高风险使讲求安全性的银行资金对这类企业的贷款十分谨慎。由于高风险，加之没有担保抵押，中小企业很难通过正常渠道从银行融资。而与此相反，风险投资致力于发现新的科技突破口，着眼于项目是否有巨大的竞争潜力和高成长性。对于具有创新的、先进的技术，风险投资则会在企业及技术发展的各个阶段提供包括资金和管理等全方位的支持。

③**风险投资的投资方式以股权形式为主。**风险投资是一种长期的流动性低的权益资本，它的投资方式具体包括购买可转换优先股和普通股等形式。在风险投资的投资者中，前者远比后者使用得广泛。二者的差别是，在收益变现时，前者被优先支付。从投资者的利益上看，可转换优先股有两个重要优点：其一，它可以大大减少风险投资公司的投资风险；其二，它可以刺激风险企业的经营管理。因为风险企业的经理人员们一般都持有普通股，如果企业只是刚好盈利，在支付风险投资者以后，企业就所剩无几，经理人员手中的股票也相对价值降低。

这种投资方式的一个很重要的特点就是风险投资不仅为风险企业提供资金，而且提供一系列的咨询服务和管理经验，**风险投资家直接参与风险企业的经营管理。**从创意、项目立项到科技成果商品化、产业化，风险投资家给予全方位的支持。

④**风险投资是属于高投入、高风险、高收益的投资。**一项科研成果从最初的构想到形成产业化，一般要经过研究、开发、试点和推广四个阶

段。风险投资重点支持开发和试点这两个阶段。通常研究与开发所需资金的比例是1∶10，开发与试点所需资金的比例也是1∶10。也就是说，在风险企业发展的不同阶段风险投资公司都必须不断地注入资金，而且投入的资金在不断加大，直至风险投资公司股权转让退出投资。**风险投资的失败率很高**，据统计，由风险投资公司支持的风险企业20%～30%完全失败；60%受挫；只有5%～20%获得成功。**但是，一旦获得成功，风险投资可以得到高额的投资回报**。据统计资料显示，美国风险投资的长期平均年回报率高达20%，而股票的长期平均年回报率为9%～15%，债券则为5%～6%。从投资效益来看，成功的风险投资可以获得几十倍甚至上百倍的利润，完全可以弥补在其他项目上的投资损失。

⑤风险投资是以公开上市为主要形式获得收益并退出投资。风险投资公司在将资金投入风险企业后，追逐和期待的是所投资的企业发挥潜力和股票增值后，将股权转让，实现投资收益。风险投资的目的并不是对被投资企业控股，而是使风险投资取得成功后尽快实现回报，再从事新的投资。因此，一个有利于资金顺畅流动的市场环境特别是风险投资的撤出机制是保证风险投资成功的必要条件。风险投资的撤出渠道主要有公开上市、企业并购和破产清算三种，其中，公开上市是风险投资价值实现的最佳途径。据统计，目前，北美风险投资的80%采用证券化方式投入和回收，欧洲为65%，亚洲地区为40%。

风险企业主要是成长中的高科技企业，它们大都很难满足主板市场的条件。因而，风险企业的股票上市主要在第二板市场。第二板市场是在正式股票市场之外，主要面向高科技中小企业和新兴公司的股票市场，其上市企业的标准适当低于主板市场的条件。目前，许多国家开辟了第二板市场。其中以美国纳斯达克证券市场（NASDAQ）最为典型，发展最为迅速，纳斯达克因此成了各国第二板股票市场的代表。此外还有欧洲新市场（Euro－NM）、日本的JASDAQ系统。

⑥风险企业一般都给予企业经营管理者和职员个人股。高科技企业的创业和发展，是风险投资者与科学发明者密切结合、优势互补的过程。因此，在创业过程中处理好知识产权即技术入股的问题极为重要。在利用风险投资创建的高科技企业中，技术专家的技术发明可以占有相当的股份，

一般可享有20%～25%的股权。有的国家为了照顾某些技术发明者的权益，允许技术专家持股51%（包括技术股权20%～25%在内），在企业发展后，按照事先约定的契约规定，购回其余49%的股份。风险企业的管理者也持有公司的股份。**风险投资这样运作，主要是为了使技术发明者、管理者与企业的利益融为一体，激励员工同企业共同创业，共同致富**。从实际情况来看，这种企业管理者、技术发明家、风险投资者与风险企业的成败共命运、与风险投资的利润高低紧紧相连的利益分配机制，对促使优秀的创业者努力工作，从而促进风险投资的成功，发挥了重要作用。

2. 知识经济与风险投资的互相借重

知识经济是相对于农业经济、工业经济而言的新经济形态。工业经济中衡量生产率的生产函数注重的是劳动力、资本、原材料、能源等生产要素，把知识、技术看作是影响生产的外部因素。而在知识经济中，知识被纳入生产函数之内。美国经济学家保罗·罗默的新增长理论认为，好的想法和技术发明是经济发展的推动力，知识的传播及其变化和提炼是经济增长的关键。

在历史上，不同的经济形态和经济发展时期对基础设施有不同的需求。人类已经建立了三种基础设施：交通基础设施、动力和能源基础设施以及通信基础设施。这三种基础设施与工业经济的生产和发展密切相关，在历史上成为不同发展时期经济的主要支撑。

随着知识经济的到来，第四种基础设施即知识基础设施上升为社会经济发展的主要支撑。

国家知识基础设施是一个将科研院所、高校、企业等知识机构与广大劳动者紧密联结在一起的社会知识网络。通过在这个网络中的协同和互动，人们在经济活动的各个环节都可以容易地获得和应用所需要的知识。

知识经济具有以下几个特征。

①高新技术开发是知识经济的重要基础，知识和信息成为知识经济发展所需要的源泉。知识和信息促进了增长和发展，增长和发展则要求把创新的科技成果迅速转化为生产力。值得注意的是，**在高科技向生产力实际转化过程中，资本是不可或缺的关键条件**。从高科技企业发展的历史经验

中，我们可以看出，知识和技术向实际生产力的转化离不开风险投资。

②在知识经济中，高科技发展对产业结构影响重大，使产业结构发生了变化。过去美国经济的三大支柱产业是建筑业、汽车业和钢铁业。现在则以电脑、通讯、航天和金融产业为主。自1990年起，美国对信息业的投资每年大约增长20%以上，大大地高于对其他产业的投资。高科技产业对美国经济增长的贡献大约占GNP的27%，而汽车业只占4%。

③信息和通讯技术在知识发展中占有重要地位，这也表现在经济结构变化上。知识经济是以新知识新技术为基础的经济，而新技术不断创造新的工业群体，创造新的生产力。高科技逐渐向传统的工农业扩展，引起了产品档次上的变化。进一步地，高科技渗透到第三产业，使金融、科研、教育等部门成为创造价值的行业。据估计，发达国家的知识经济已经占国民经济总产值的50%以上。

总之，知识经济以创造性知识为基础，而创造性知识向实际生产力转化的必不可少的条件是资本，而为知识经济提供这种创造性知识的资本形态即是风险投资。风险投资是利用现代知识和信息，改造传统的投资行为，把投资行为和科技转化行为有机结合在一起。风险投资产业本身就是重要的知识产业之一，它与另一重要的知识产业——高新技术之间有一个紧密的相互推动的关系。从知识经济的角度看，**风险投资实质上是有关风险型创业的信息、知识和理念的载体，而不能简单地理解为一般的资金；**风险投资市场体系实质上是一个创新、信息、知识和理念的交流、互动的网络。在此网络中，凭借其高超的知识和技能，创业者得到必要的资金，投资者获得资本增值。美国硅谷之所以能够持续而迅猛地发展，动力来自两大紧密相关的行为，即风险投资行为和科技创业行为，两者依靠知识网络而相互交融在一起。

从某种意义上说，知识经济和风险投资是互补的。没有风险投资可以说就没有当今科技的迅速发展和大量实现商品化，也就没有知识经济的兴旺和发达。另一方面，风险投资本身需要大量的有经验有知识的职业管理人员，而知识经济提供了培养高级人才的经济环境，没有这种经济环境，没有大量职业人才的培养和训练，风险投资就不能得以长足发展。

◆ 风险投资：高新技术产业的发动机　第一章

3. 强力推动经济发展：风险投资的巨大作用

（1）发展风险投资是建设技术强国的重要途径

风险企业是孕育高新技术的"温床"。一个国家风险企业的数量与质量，决定着一个国家高技术的水平。高新技术是最重要的生产力，对改造传统工业和调整产业结构都有重要意义。风险投资是发展高新技术的强大"推动器"。风险企业离开风险投资的支持，就成了无源之水，无本之木，失去生命力。当今国际上强弱之争，贫富之争，十分激烈。谁胜谁负，取决于经济实力和高新技术水平的高低。谁拥有更多更好的高新技术，谁就更有力量，谁就在国际上更有发言权。尖端技术和高级技术是现代工业化发达国家的重要象征。高新技术已成为国际科技和经济竞争的重要领域。凡高新技术占有优势的国家在各个方面都占有很大优势，高新技术成了国际经济、政治较量中一种决定性因素。近几年，日本经济发展迅速，尤其在国际贸易中占据非常有利的地位，这主要是由于日本掌握、发展了高新技术，并广泛应用于各产业部门。美国成为世界上头号强国，这也和它在高新技术上占有领先地位密切相关。

（2）风险投资在推动经济发展中起着越来越重要的作用

高新技术是经济和社会发展的首要推动力量。风险投资是对高新技术产业化过程中的投资，它推动高新技术的发展与进步，给世界经济发展注入新的活力，带来巨大变化，在推动经济发展中起着越来越重要的作用。主要表现在以下几个方面。

①经济增长方式的转变。随着高新技术的出现与发展，过去那种以产量和产值增长速度为主要目标，以劳动密集型和资本密集型为主要特征，即通过扩大生产规模，使生产向广度发展的外延式或粗放型经济增长方式已逐渐转向以提高生产要素质量和效率为主要目标，以知识密集型为主要特征的规模扩大与技术更新并重的沟通式或密集式经济增长方式。**伴随着这种转变，技术进步对经济增长作用日益明显。**

高新技术的发展促进了产业结构高级化，促进着第三产业迅速发展，特别是其中的信息业飞速增长；技术密集型产业部门的比重不断提高；传

统产业在产业结构的中心地位日益衰落；传统产业与高新技术结合带来的"再工业化"。

②促使创新政策的出现。各国产业发展的历史进程表明：由于技术创新引发的结构性调整标志着更高技术形态产业结构的形成。高级化的产业结构必然提供更高的产业效率，从而确保经济发展的质量。因此，各国都在构造有利于全社会创新的政策体系。创新政策一方面把市场作用和政府干预有效地结合起来，另一方面也从需求、供给和创新环境三方面来推动工业技术创新活动的有效进行。可以说，**创新政策的出现给经济的发展带来了深远的影响。**

③对劳动生产率的提高产生重大影响。高新技术的发展不仅极大地提高了劳动生产率，而且使生产过程中的各种要素都发生了重大变化，从而使经济效益显著提高。目前，美国是世界上劳动生产率最高的国家，这在很大程度上是由于美国高技术的发展水平相当高。

⑤对增强综合国力产生重要作用。现今之世，整个人类的主题已转向和平与发展。对于一个国家来说，最根本的是要看其在激烈的国际竞争中综合国力所占地位。纵观现代世界各国政府，都把提高综合国力作为国家战略目标和首要任务。国家的综合国力集中反映在政治影响力、经济影响力、科技影响力、军事影响力和社会影响力五个方面，而这五个方面又受本国的经济实力、科技实力、军事实力的制约。**当代科学技术发展带来的最大变化是，国家的科技开发力、特别是围绕高新技术领域的技术创新，正在成为决定一国综合国力的核心力量。**

(3) 发展风险投资是创造社会经济效益的重要手段

风险投资是向从事高技术、高智力生产的企业的投资。它所创造的社会经济效益大大高于对传统企业的投资。美、日等发达国家之所以富强，与风险企业的高速发展不无关系。在新技术革命浪潮的冲击下，美、日等国信息产业的比重都有了很大增长。美国经济近年来从经济窘迫中解脱出来，并有很大发展，主要也是由于高新技术产业的迅速增长。美、日等国国民生产总值的60%与微电子技术有关，传统产业与高技术结合，能产生惊人的经济效益。**高新技术能有效地改造传统产业，起到"点石成金"的奇妙作用。**如一台普通机床，装上微电脑，就可使它的效率、精度、功能

◆ 风险投资：高新技术产业的发动机　第一章

发生根本性的变化，从而摇身一变，身价百倍。又如采用激光新技术的激光自动焊接机，效率就猛增28倍。美、日、德等国，目前正在采取高技术设计和制造完全由机器人操作的"无人工厂"，估计劳动生产率的提高将达到300倍以上。

（4）发展风险投资可以开辟广阔的就业之路

在风险投资的支持下，世界发达国家风险企业如雨后春笋般地涌现出来，创造了充分的就业机会，并为地区经济的繁荣提供了条件。美国"硅谷"有许多风险企业，每年创造出4万个新的就业机会。这里一名经理或技术人员可以创造16个工作岗位。因为在一家高技术公司的总劳动力中约有20%是经理和工程师，80%是办事人员和熟练工人。此外，还需要其他基础设施行业中的12名服务人员服务。由于这种1比16的就业系数，使高新技术产业成为解决就业困难、维护地区经济繁荣的重要因素。**风险企业家是创造充分就业的骨干，一个风险企业家创办一个风险企业，可解决几百人、甚至几千人的就业问题**。同时，从成功的风险企业中不断地涌现出新的风险企业家，分离出去又创办新的风险企业，这样在解决就业人数上可能会像原子连锁反应一样，产生无穷的力量。当然，风险企业的大批淘汰和失败又会造成失业，但从总体来说，风险企业是在不断发展着的，就业人数也是不断增长着的。风险企业在开发高技术领域时，不仅可以生产出新的工业产品，而且还可以建立一些附属部门，推动诸如冶金、机械、化学等部门的发展，而且还伴随着劳动内容和产业结构的深刻变化，可以开辟出许多就业门路。

（5）发展风险投资有利于开拓国际技术市场，促进国际技术贸易

当今，无论发达国家或是发展中国家，都十分重视高新技术的研究开发，高新技术成了国际经济、政治力量中的一种决定性因素。没有高技术就没有雄厚的经济和政治实力。高新技术在国际市场上的竞争相当激烈。但高新技术开发的研究费用非常巨大，由于资金、人才、物资、信息、环境等条件的制约，一个企业、产业，甚至一个国家都难以担负大规模、高费用的研究开发计划，这就促进了企业、产业之间和国际之间的合作研究，同时，也有力推动了国与国之间的高新技术的交流。国际技术贸易迅

速发展,已成为现代贸易的重要特征。在世界性贸易战中,各国都采取了与本国所处发展阶段相适应的战略。其共同之点是:**发展高新技术风险投资,为实现全球性的经济发展打开了道路。**

(6) 风险投资可以发现和训练大批富于进取,在竞争中勇于夺取胜利的人才

风险企业是风险很大的向高新技术开拓的企业。它的成功,需要高素质的创业领导和工程技术、经营管理人才。人才是决定风险企业成功的重要因素。因此,通过激烈的竞争,可以从中发现和培养大批勇于冒险、勇于开拓、勤于创业、精于投资的实业家和经营者。我国通过风险企业的创办,可以从中发现和培养大批勇于冒险、善于开拓、敢于进取的高素质人才。通过风险企业的不断竞争淘汰,筛选出来的人才往往是出类拔萃的,这是发展我国科学技术、国民经济、文化事业的精华,是一支最宝贵的新生力量。其中还有些可成为我国参与国际竞争的主力。

二、风险投资是高新技术产业的发动机

1. 高科技产业存在着较高的投资风险

由于高科技产业是一种全新的产业,在其发展中存在诸多不确定性,因此,**高科技产业大都是高风险产业**。当然,对高科技产业的投资也可以获得超过其他投资的收益。高科技产业投资风险来自以下几个方面。

(1) 来自技术方面的风险

技术风险是指技术开发方面的各种不确定因素。

①技术上成功的不确定性。一项技术能否按预期的目标实现在研制之前和研制之中是不能确定的,因技术上失败而终止创新的例子是很多的。

②技术前景的不确定性。新技术在诞生之初都是不完善的、粗糙的,对于在现有技术知识条件下能否很快使其完善起来,开发者和进行技术创新的企业家都没有把握。因此,**新技术的发展前景是不确定的,对高科技**

风险投资：高新技术产业的发动机 第一章

企业投资往往面临着相当大的风险。

③产品生产和售后服务的不确定性。产品一旦开发出来如果不能成功地生产出产品，仍不能算是完成了创新过程。工艺能力、材料供应、零部件配套及设备供应能力等都会影响产品的生产。产品生产出来以后，能否提供快速、高效的服务也将影响产品的销售和生产。

④技术效果的不确定性。一项高新技术产品即使能成功地开发、生产，在事先也难以确定其效果。例如，有的技术有副作用，造成环境污染、生态破坏等，则可能受到限制而不能实施。

⑤技术寿命的不确定性。由于高新技术产品变化迅速、寿命周期短，因此极易被更新的技术替代，但被替代的时间是难以确定的，当更新的技术比预期提前出现时，原有技术将蒙受提前淘汰的损失。

（2）来自市场方面的风险

市场风险主要是由于高科技产品市场的潜在性引起的。主要表现有以下几点。

①难以确定市场的接受能力。高科技产品是全新的产品，顾客在产品推出后不易及时了解其性能而往往持观望态度或作出错误判断，从而对市场能否接受及有多大容量难以作出准确估计。

②难以确定市场接受的时间。高科技产品的推出时间与诱导出需求的时间有一时滞，这一时滞过长将导致企业开发新产品的资金难以收回。例如，贝尔实验室50年代就推出了图像电话，过了20年才实现了该技术的商品价值。

③难以预测创新产品扩散的速度。例如，1959年IBM公司预测施乐914复印机在10年内仅能销售5000台，而拒绝了与研制该产品的哈罗德公司的技术合作，然而，复印技术被迅速采用，10年后改名为施乐公司的哈罗德公司已销售了20万台施乐914，成为一个10亿美元的大公司。

④难以确定竞争能力。高科技产品常常面临着激烈的市场竞争，如果产品的成本过高将影响其竞争力；生产高科技产品的企业往往是小企业，缺乏强大的销售系统，在竞争中能否占领市场、能占领多大的份额，事先难以确定。

(3) 来自管理方面的风险

管理风险是指高科技企业在创业过程中因管理不善而导致创业失败的风险。它主要包括下面几个方面。

①意识风险。即企业领导者因为创新意识不强而带来的风险。众所周知，高技术具有高收益和高风险的特点，高技术产品开发成功的可能性比较小，即使发达国家其成功率也不到30%，因而易导致许多高科技企业经营者在经营中只追求短期行为；另外许多高科技企业，常常只把眼光局限于产品项目创新，忽视管理创新、工艺创新，从而造成企业创新战略单一，这些都是使高科技企业的投资风险增大的潜在因素。

②决策风险。即因企业决策失误而带来的风险。由于高新技术具有投资大、产品更新换代快的特点，这就使得对于高科技产品项目的决策尤为重要。**决策一旦失误，就会给企业造成不可估量的损失。**

③组织风险。即由于高科技企业组织结构不合理带来的风险。高科技具有收益大、见效快的特点，因此高科技企业的增长速度都比较快，有时可达到300%～500%的增长速度。又由于高科技企业主要以技术创新为主，而往往忽视组织上的及时调整，这样就会造成企业规模高速膨胀与组织结构落后的矛盾，从而成为高科技企业投资风险的根源。

(4) 来自资金方面的风险

资金风险指因资金不能适时供应而导致投资失败的可能性。当高科技企业发展到一定规模，对资金的需求迅速增加；同时，由于高科技产品寿命周期短，市场变化快，获得资金支持的渠道少，从而容易出现在某一阶段不能及时获得资金而失去时机，被潜在的竞争对手超过或经营失败的危险性。

此外，社会、经济、政治、法律政策等的变化会引起高科技产业投资的政策风险。

总之，由于高科技及其创新产品的高投资风险，对其进行投资的成功率平均为20%～30%左右，这种高风险性与银行贷款的低风险目标是背道而驰的，因而高科技企业很难通过正常金融渠道筹到资金，这也决定了高科技生产本身的资金必须采取一种特殊的方式——风险投资。

2. 风险投资推动高科技产业化的发展

高科技产业化,是指高科技通过研究、开发、试制、商业化、扩散而逐渐形成产业的过程。一项高科技项目的产业化,通常被划分为三个阶段:研究与开发阶段、成果转化阶段和工业化规模生产阶段,也可分别称为技术发明、技术创新和技术扩散阶段。

(1) 高科技产业化的特征

高科技产业化的过程具有以下三个显著特点。

①高投入。由于高科技知识、技术密集度高,因此在其产业化过程中要求生产技术复杂,仪器设备精密度高。此外,高科技的快速更新,又给仪器和设备更新造成巨大压力,这样客观上决定了高科技产业化的高投入的必然性。在这里,高投入不仅指投入大量资金,而且还应包括技术和管理技能的投入。在高科技产业化三个不同阶段上,投入要素和规模存在着差异,根据国外的经验,三个阶段资金的投入比例为 1:10:100。高科技的投入在第一、第二特别是第一阶段起着至关重要的作用,而管理技能的投入在第二、第三阶段是决定高科技产业化成败的关键因素。

②高风险。高科技是高层次的、新兴的、尚未完全成熟定型的技术,它发展变化快,不确定性高,对其产业化具有明显的超前性,成败难以预见。高风险表现在两个方面:一是失败率高。例如,美国硅谷新创办的高科技企业中,大约有20%~30%会夭折,60%~70%会获得一定程度的成功,只有5%的新企业,能大发其财。二是投资回收的波动性大。对高科技产业化项目投资的风险主要来自技术、市场、管理、政策等方面。在高科技产业化三个不同阶段上,风险大小和各种风险的影响程序是不同的。一般地说,第一阶段失败的可能性最大,因而风险也最大,第二、第三阶段的风险依次递减。第一阶段的风险主要是技术风险,第二阶段的风险主要是市场风险和管理风险,第三阶段的风险主要是市场风险。

③高收益。在高科技产业化的过程中,高风险与高收益总是相伴而生的,高科技一旦实现了产业化,并形成了一定规模,高科技产业化项目就会取得高收益。

(2) 风险投资是高科技产业化的客观需要

就高风险特征而言，高科技产业化一方面风险因素多，如技术风险、市场风险、管理风险、政策风险以及其他许多不可预见因素可能造成的风险等，风险发生的可能性大大高于一般的投资项目。另一方面，高新技术产业化项目抗风险能力差，每种风险的发生，都可能导致高新技术产业化项目的失败，如此大的风险投资活动，传统的金融机构是轻易不敢问津的，只有风险投资才敢于涉足这类投资活动，风险投资在高科技产业化过程中，通常在风险较大的第一、第二阶段切入资金，而传统的金融机构由于受风险的制约，只有在投资项目有偿还能力，发展势头良好的情况下才敢于投资，一般只有在高科技产业化的第三阶段后期才肯提供资金。**这样风险投资正好与一般投资相互融合，保证了高科技产业化的各个阶段的资金需求**，正好弥补了高新技术产业化活动中风险较大的一般投资不敢涉足的空白地带，从而保证了高新技术产业化的顺利进行。

从高投入特征来看，在高新技术产业化的第一、第二阶段，由于风险大，传统投资者不愿进入，而高新技术产业化的研究开发特别是成果转化需要投入大量的资金，光靠创业者个人的储蓄或向亲朋好友借款是无法解决问题的，而风险投资可以向高新技术产业化项目提供大量资金和产业化过程迫切需要的管理技能。

3. 风险投资对高科技企业提供资本支持

在知识经济时代，科学技术本身不再是专家和教授们的宠物，它们不仅仅具有学术意义和实验室意义，而且成为深受一般群众喜爱的可以消费和直接带来使用价值的商品，也就是说科学技术本身已经转化为商品经济的重要因素。在商品经济中科学技术向实际生产转化的过程中不能没有资本。资本是培育知识经济细胞的必不可少的营养品，资本是推动高科技向生产力转化的必要环节。**高科技向生产力转化离不开风险投资，风险投资被称为高科技发展的发动机**。美国斯坦福大学国际研究所所长 W·米勒曾经说过："在科学技术研究早期阶段，风险投资的参与和推动，使科学技术研究转化为生产力的周期由原来的 20 年，缩短到 10 年以下。"

◆ 风险投资：高新技术产业的发动机   第一章

　　风险投资对高科技风险企业提供资本支持，并通过资本经营服务对所投资企业加以培育和辅导，待企业发育成长到相对成熟后即退出投资，以实现资本增值和进行新一轮风险投资的一种特殊类型的投资行为。它具有高投入、高风险、高收益和融资方式灵活等适合高科技企业发展的特点。

　　风险投资对高科技企业来说具有以下几个优点：第一，风险投资方式不同于一般的银行贷款，不涉及债务负担，改善了受资高科技企业的财务结构，使企业在借款上具有回旋的余地。第二，受资的高科技企业不必担心失去控制权。因为风险投资企业，一般不会影响企业的控制权。第三，高科技企业通过风险投资方式融资可以获得风险投资专家的技术和管理等多方面的服务。风险投资为了保证自己投资资金的安全性和盈利性，实现高收益的目标，会派出富有经验的投资专家协助受资企业的技术开发和经营管理。第四，高科技企业通过风险投资方式融资可以获得广告收益。风险投资只有在对高科技企业进行详尽的调查和评估后，才向具有成长潜力的高科技企业注入资金。**风险投资这种特殊的投资方式本身就意味着受资企业具有较好的素质和良好的前景，这可以提高受资企业的知名度和影响力，加快企业的上市进度。**

　　自1946年美国研究与发展公司揭开现代风险投资的序幕以来，风险投资事业在全世界得到了迅速发展，并成为发达国家高科技产业发展的重要资金依托。

　　美国风险投资业发展尤为迅速，在过去的几十年里，风险资本培育了许多著名的高科技公司。例如，在信息技术产业中，数据设备公司（DEC）就是在波士顿的美国研究发展公司（ARD）的支持下成长起来的。20世纪90年代以来，高科技已经取代传统的周期性产业，成为美国经济增长的主要动力。风险投资事业的兴旺发达不只是托起了无数高科技企业明星，更重要的是它极大地推动了美国高科技产业的发展和产业结构的升级，造就了美国的"新经济"时代。目前欧洲在高新技术方面仍落后于美国，这不是因为欧洲的科技水平低，而是因为欧洲在风险投资方面落后美国10年所致。

三、发展风险投资需要完善风险投资体系

1. 风险投资体系支持高新科技成果产业化

风险投资体系是知识经济的重要支持系统。技术进步转化为生产力的关键在于高科技成果市场化、产业化,"知识"能否与"经济"相融合,这是一个较为漫长的市场评价、市场检验过程。这一过程是否成功不仅依赖于高新技术成果本身的市场价值,而且依赖于客观上是否存在一个能对技术进步转化为生产力起决定性作用的支持系统。通常,高新技术成果的市场化、产业化往往是由中小企业的创新开始的。由于高新技术成果本身蕴藏的技术风险和市场风险,这些技术吸纳型中小企业很难取得银行系统给予的信贷支持,它们要求一种可适应周期长的、具有高风险与高收益相结合的股权资本为之服务。这类股权资本又只有在一个系统的环境下才能发展。**国外经验已充分证明:风险投资体系就是行之有效的高新技术成果市场化、产业化的支持系统。**

风险投资体系在西方发达国家被称为高新技术产业发展的"推进器"。美国斯坦福大学的学者认为,风险投资的参与使科技成果转化为商品的周期缩短到10年以下。风险投资通过加速科技成果向生产力的转化推动了高新技术企业从小到大、从弱到强的长足发展。在知识经济时代,可以说,以电子计算机和生命工程为代表的现代文明是高科技与一种特殊金融方式——风险投资有机结合的结果。

培育和发展风险投资体系需要通过建立一套新的金融机制来促进资本与高新技术结合,这不仅会对提高民族经济竞争力的长远战略目标起到积极作用,也是调整全社会融资布局,改善金融结构的重要举措。在现代经济体系中,金融结构对实体经济的作用越来越大,**建立一个功能健全、富有效率、以高技术企业的资本投入为服务对象的风险投资体系势在必行。**

2. 建立中国风险投资体系势在必行

首先，建立我国风险投资体系是顺应世界科技发展趋势，适应国际竞争的需要。21世纪是以科学技术为主导的知识经济时代，哪个国家掌握了高科技优势，哪个国家就将取得经济发展的主动权和国际竞争的优先权。但是我国的科技发展状况却令人担忧。这其中很重要的一个原因就是我国科技投入严重不足。我国在科技开发上的投入占GDP的比重总体上呈下降趋势，而经济合作与发展组织国家多年来这一比例平均达2.3%；美国、日本多年来一直稳定在2.8%左右；亚洲新兴国家或地区如韩国从80年代初的0.6%上升到现在的2.5%，台湾地区为1.8%，新加坡为1.1%，印度为0.8%。

我国的科技投入资金来源单一，主要依靠政府科技拨款和有限的银行科技贷款，政府力量有限，已远远不能满足科技发展的需要。政府应最大限度地调动各种资源，建立起高效的技术创新机制，借鉴国外发展高科技产业的经验，尽快建立起风险投资体系，推动技术创新和高科技产业的快速健康发展，迎接世界高科技革命的挑战。

其次，建立我国风险投资体系是促进和加快高科技商品化、产业化的需要。与发达国家相比，我国科技水平相当落后，但是每年我国还是有大量科技成果问世，其中不乏世界先进科技成果。可大量的科技成果并未形成商品，没有转化成现实的生产力。我国科技成果转化率仅为10%~15%，远远低于发达国家60%~80%的水平。

我国高科技成果转化率低，首先，是由于科技体制不合理，对科技成果的转化阶段没有重视，长期以来科研与生产严重脱节，形成"两张皮"；其次，是由于科技投资不足，使科技成果转化"断层"总是没有得到根本解决。一项技术从研究、开发到正常商品化生产是一个有机的连续过程。而技术产业化过程中各个阶段对资金有不同的需求。根据国外的经验，三个阶段的资金投入比例为1：10：100。而我国大概是1：0.7：100。三个阶段资金投入比例失调造成了我国科技成果产业化过程的资金断层，这严重制约了科技转化为现实生产力。此外，是由于没有将技术创新行为主体和风险承担主体区分开来。技术创新虽然能给企业带来巨大的经济效益，

点石成金——企业风险投资的运作

但从另一个角度看，政府和社会也是技术创新的受益者，如果能把技术创新的行为主体与风险承担主体区分开来，就能合理地分散创新风险，企业在技术创新时的压力就会相对减少。

风险投资体系的建立将改变科技与经济"两张皮"的局面，使科技成果与市场紧密相连。金融机构及其他资金持有者通过对风险投资公司投资，而由风险投资公司进行资金运作，投向高科技风险企业。这样既实现了资金的收益性，又保障了资金的安全性，使资金与技术通过风险投资体系有机结合起来。

再次，建立我国风险投资体系是进行宏观经济调控的重要手段。国家对经济的宏观调控，是指为实现国民经济和社会发展的战略目标，对国民经济总系统进行调节，对整个国民经济行为进行控制，使整个国民经济处于最优的运行状态，保证国民经济快速、健康、稳定地发展。从这个层面看，国家要实现国民经济和社会发展的总体目标，必须对产业、经济结构进行调整，把资源配置到效率高的部门和产业。而建立风险投资体系，发展高科技风险产业是进行产业结构转换和提升的龙头。科学技术是决定竞争实力和产业提升的主导因素。现有的基础产业在支持工业化及后工业化进程中发挥着重要作用。但是它们承担不了带动产业结构转换与提升的职能。

在社会主义市场经济条件下，建立风险投资体系，加快发展高科技风险产业，对于国家进行宏观调控具有尤为重要的作用。以往我国产业规模的扩张，是一种外向的扩张。投资规模过度膨胀不说，投资的形态是外延型的粗放式投资，产业规模的放大也仅仅是原有形态上的重复增长，经济增长过度强调资本的作用，而忽视了技术进步的作用。这使我国经济在投资率一旦下降的时候，就出现国民经济波动，市场有效需求不足，大批国有企业产品销售困难，生产经营陷入困境。因此，**要保证国家对国民经济进行有效的宏观调控，就必须建立风险投资体系，大力发展高科技风险产业。**

最后，建立我国风险投资体系是保护民族工业的需要。目前，在国外产品大量涌入我国市场的情况下，我国的民族工业状况令人担忧。以感光材料工业为例，在富士、柯达两家外国胶卷公司的夹击下，我国的胶卷生产企业相继倒闭。目前，该工业领域只有乐凯一家公司在苦苦支撑局面。在饮料行业，八大碳酸型饮料企业如今已有7家走合资道路。医药业的14家合资创业公司中，外方控股的有13家。轿车工业在改革开放后引进开发搞了30年，仍然处于幼稚状态，不要说在国际市场上没有竞争力，就是在国内，在低档车上尚未完全国产化，由国家政策重点保护的国产车难与国外车竞争，在中高档车上则更是国外车一统天下。

  造成这种情况的原因是多方面的，但我国企业产品的技术落后，缺乏技术创新机制，没有风险投资体系对高新技术创新的支持是其中很重要的原因。在国外，一个医药企业开发一种新药要花几千万甚至几亿美元，显然，这对绝大多数的我国企业来说是一个天文数字，在没有知识产权纠纷的年代，我国医药企业尚可以仿制国外产品，但在我国实行改革开放的今天，这条路已难以走通，于是只好合资，由对方控股，市场上洋药泛滥。因此，**保护我国民族工业关键在于建立我国自己的风险投资体系，大力推动高新技术产业的发展。**

国外风险投资发展状况

发展中国的风险投资，需要借鉴国外（主要是美欧发达国家）的经验。这是因为国外的风险投资已有50多年的历史，而我国还只是处于初级发展阶段。

西方发达国家的风险投资经过长期的发展，其机制已逐步得到发展和完善。美国、欧洲和日本等国家的许多高科技成果，在转化为商品的过程中都得到了风险投资的支持，特别是近30年来在计算机、电子商务和生物工程等领域更是如此。可以这样说，美国等西方发达国家高科技成果转化的高比率、高科技企业发展的高速度，与其大力鼓励和发展风险投资是密不可分的。

点石成金——企业风险投资的运作

一、世界领先：美国风险投资的发展

1. 风雨之路：美国风险投资的发展历程

在美国，风险投资最早起源于19世纪。当时由私人或银行家将资金投资于当时新兴的、高风险的石油、钢铁、铁路等事业。1924年IBM公司的成立，是风险投资协助企业发展的成功范例。美国东方航空公司、施乐公司和IBM公司等，都是当时富有投资者投资过的企业，这些公司后来都成为著名的大公司。

（1）美国风险投资早期的发展

1946年6月6日，世界上第一家正规的风险投资公司——美国研究与开发公司（ARD）在马萨诸塞州正式成立，**它的诞生是美国和世界风险投资发展史上的第一个里程碑**。其发起人为哈佛大学经济学教授乔治·多罗特。ARD是首家专门投资于流动性差的新企业证券的公开招股公司，以风险投资基金支持波士顿周边众多科学家出身的企业家们，将他们的研究成果尽快转变为消费者所接收的市场产品。**ARD最成功的投资案例是对数字设字公司（DEC）进行的**。1959年，ARD将6万美元投资于这家当时的小公司，而到1968年DEC上市时，其市值达到近40万美元。ARD因此而获得平均每年101%以上的回报，**乔治·多罗特本人也因此而被称为"风险投资之父"**。如今，DEC已经成为计算机制造业的巨无霸。

ARD为美国风险投资的发展定下了基调，它成功地证明了自己的投资理念。从此，面向新兴企业、小企业和高风险企业的投资成为一个特殊的公司融资领域，吸引了众多有识之士。它与大学的紧密联系、对高科技的偏好，又为类似硅谷或波士顿等企业——大学——投资公司的集散地的形成提供了典范。

在ARD成立不久，美国的一些富裕家族，如洛克菲勒家族、惠特尼家族等也创建了私人基金，面向有高增长潜力的小企业投资。但是公开交易的风险投资基金却寥寥无几，许多小企业因为得不到资本而被迫关闭，许多发明与创新随之夭折。直到1958年，美国政府为启动风险投资和提高小企业的技能而通过《小企业投资法》，创立了小企业投资公司这个新的组织形式后，情况才有所改变。

小企业投资公司是小企业局批准成立的私人公司，专门向高风险的小型企业提供由职业投资人才管理的资本。它们是政府与私人部门经济之间合作的成果。小企业投资公司利用自有资金以及从联邦政府得到优惠的贷款，向小型独立企业提供资金。这种公司原则是可以在任何州成立，最低的注册资本是500万美元。小企业投资公司的所有者基本不受小企业局的限制。

受到政府的低息贷款和各种优惠措施的吸引，各种小企业投资公司如雨后春笋般成立。1958～1963年之间，就有692家小企业投资公司得到营业执照，这些公司管理着总量为4.64亿美元的资金，其中有47家公共公司通过公开发行股票的方式筹集到3.5亿美元。而ARD美国从1946—1958年共筹资740万美元，只有前者的1.5%左右。但是小企业投资公司的设置存在一些内在的机制性缺陷，而且它们没有做好面对高风险和重重困难的准备，加上消耗大量资金的投资项目，所以受到了严重的挫折。首先，小企业投资公司的资金部分是政府提供的低息贷款，存在还本付息的问题。其次，小企业投资公司吸引的大多数是个人投资者，所以在股市高涨时盲目跟进，而股市低迷时，却没有耐心等待，造成投资时间的限制和对环境特别是股市的高敏感度。其三，它们无法吸引到高素质的管理人才，不能提供高水平的价值增值作用。由于以上因素的作用，从1966年到1967年，一年间就有232家小企业投资公司宣布破产。小企业投资公司的数量逐渐减少，到1978年他们只占总风险投资额度的1/4。

小企业投资公司的兴衰使风险投资业意识到对小企业以及新兴企业的投资不能采取上市公司的形式。于是行业人士开始摸索一种新的方式，进行以股权投资方式为主的风险投资。

2. 美国风险投资的低谷与调整时期

进入20世纪70年代，美国风险投资开始进入低潮。但在这一时期美

国风险投资行业出现了新的投资主体——风险投资合伙公司（有限合伙公司）。风险投资合伙公司的兴起有两个原因：一个是小企业投资公司的衰败；另一个是人们对像 ARD 研究与发展公司这样的公众持股公司的疑虑。由于成为一家上市公司要有高度的透明性，公众会对其投资的风险性加以限制。而风险投资本身具有高风险性，许多观察家担心，如果采用这种存在形式，风险投资业很难得到发展。有限合伙公司对管理私人权益资本的职业金融家也有吸引力。1940 年的《投资公司法案》规定，公开交易的风险投资公司，不得接受股票选择权或其他以经营业绩为基础的报偿。即使是在该法律没有约束的地方，如银行附属的小企业投资公司和机构投资者等私人权益资本的职业金融家也仅得到工资。而这些工资，即使是高工资，与那些风险投资合伙公司的普通合伙人的收入相比也相差甚远。合伙公司另一个吸引人之处是，它能规避政府对小企业投资公司的投资约束，并能吸引比公开上市的小企业投资公司的股票持有人更精明的投资者。

1969 年，新型的风险投资合伙公司筹集了创纪录的 1.71 亿美元。通常，这些合伙公司规模小（250 万~1000 万美元），并从个人投资者那里筹资。1969－1975 年，大约有 29 个有限合伙公司成立，筹集了 3.76 亿美元的资金。这便是美国风险投资合伙公司发展的起点。

然而，新的风险投资组织形式并未能挽救由小企业投资公司运作失败造成的风险投资低谷。风险投资合伙公司刚成立不久，美国整个风险投资行业便遭受外部环境带来的沉重打击，使其发展陷入了长达 10 年的低潮。

结果，20 世纪 70 年代新兴企业很难获得风险投资。全美风险投资协会的调查发现，1974－1975 年其成员所进行的 2.92 亿美元的投资中，仅有 7400 万美元被投资于企业初始期的首轮投资，占总数的 25%。

3. 多种因素引起风险投资的再次复兴

从 20 世纪 70 年代末开始，新生企业对于资本的急切需求使风险投资业又以令人难以置信的速度复兴。由于投资机会的多样性，使得投资者可以在投入阶段、风险大小、预期回报等方面实现综合性的平衡，并且在风险企业的管理上实现进一步的提高。

到 20 世纪 70 年代末期和 80 年代，美国风险资本业达到了相对成熟的阶段，改进的市场条件导致了对这一行业兴趣的恢复和重新开始的增长。有些新的风险基金以美国的有限责任合伙的形式为基础在80年代早期建立起来了。**对风险公司设立采取有限责任合伙形式是更有利的公司组织形式，这种形式提供了明显的优势，将更多的资本吸引到这一市场上来。**有限责任伙伴关系允许上税的投资者和不上税的投资者混合在一起投资。这种有限责任伙伴关系也有特定的通常为10年的生命期。

4. 美国风险投资发展的辉煌时期

进入20世纪90年代以后，美国经济在网络经济等高科技工业的带动下，持续增长。美国20世纪90年代的年均经济增长率为3.2%，高出80年代年均增长率。失业率和通货膨胀率连创新低。经济的增长带动了股票市场，高科技市场纳斯达克连创新高。在经济高涨、股市牛气冲天的大好背景下，风险投资企业较容易发行股票、进行并购等等，从而使风险投资资本的退出变得容易，而且收益很高。**这些因素使美国风险投资业进入了另一轮上涨时期。年总投资迅速增加，被投资项目日益增加。**正如微处理器工业掀起了20世纪80年代的第一轮风险投资高潮一样，以网络为核心的信息产业掀起了第二轮风险投资高潮。

20世纪90年代还发生了一些对风险投资业有利的公共政策变化。1997年税法改革制定了对风险投资业非常有利的税务政策。此外，美国中小企业局重新修改了小企业投资公司的计划，使小企业投资局更加有吸引力。

20世纪90年代的美国风险投资在投资者构成中，养老基金是最大的投资者。在投资方向上，以养老基金为主的风险资本继续偏向投资后期的企业以及进行并购活动的企业，但是投向高科技的投资额度也有了很大提高。其中投入网络产业的风险投资额增长尤为迅速，体现了风险资本总是能够抓住最激动人心的市场机遇。风险资本对雅虎、搜狐、新浪、歌谷等公司的投资都是这一时期的代表。

5. 21世纪以来美国风险投资的大落大起

2000年美国全年风险投资总额达941.7亿美元。从这一年开始，以网络股为龙头的美国股市大跌，引发了网络、生物工程等高科技风险资本泡沫的破灭。之后，风险投资总额迅速缩水。直到2003年初，风险投资伴随着美国经济恢复才逐渐好转。到2006年美国风险投资高达266亿美元，2007年达294亿美元，最热门的风险投资领域包括医疗保健和生物科技、互联网、新能源等。据最新统计和外媒报道，2014年前9个月，美国整个风险投资额为372.8亿美元，整体上超过去年同一水平，有望再创2000年以来风险投资总额的新高。

6. 美国风险投资的专业化投资战略

在美国，风险投资经过了半个多世纪的发展，随着风险投资的利润的增长，到20世纪80年代后，大量的资金涌入风险投资业，行业内的竞争加剧。各个风险投资公司的投资战略发生了明显变化，有的将业务集中投资于某一投资阶段，如：致力于种子期投资、以杠杆收购交易为目标，有的将业务集中于某一工业或技术领域，如生物技术、废品回收、环保等。

采用专业化投资战略的风险投资公司，使公司的投资对象限定在某些选定的行业或企业发展的某些阶段，才能使投资管理人员长期从事这些领域的研究，进而达到专业水平，使公司在竞争中获得优势。

如今信息产业已经成为美国的支柱产业，而且在全球的信息产业中美国更是处于霸主地位，这离不开风险投资的巨大支持。风险投资培育了信息技术产业中许多著名的高科技公司，除了DEC公司、苹果电脑公司外，著名的英特尔公司是在风险投资家的支持下发展成为了世界电子工业的巨人。康柏计算机公司、戴尔公训、SUN计算机公司、微软公司也同样是在风险资本的支持下成长起来的。**风险投资创造出了世界信息产业的中心——硅谷。**另外，在生物技术领域，美国基因工程技术有限公司，就在其创业期得到风险投资家的支持。由上述分析可以看出，风险投资对高科技产业的发展有着巨大的推动作用。

7. 美国发展风险投资的主要经验

美国发展风险投资的主要经验可归结为以下5点。

（1）有限合伙制是美国风险投资公司的基本组织形式

美国的风险投资机构大体上可以分为 4 种类型，即由银行附属的投资公司、大企业附属的投资公司、政府支持的中小企业投资公司和独立的风险投资公司。由于独立的风险投资公司经营的绩效较好，故银行和大企业附属的投资公司也逐渐转变为具有相对独立性的风险投资公司。由于美国税法规定合伙关系投资收益不需交纳公司税，只需交纳个人所得税，故美国的风险投资公司多半采用有限合伙的方式组成。通常由主管合伙人与有限合伙人共同出资组成风险投资基金，其中主管合伙人的出资额约占 1%～2%。主管合伙人负责基金的经营管理，对公司负无限责任。而有限合伙人不参加经营管理，对公司只负有限责任。每个基金的合伙年限通常为 10 年，一个公司通常有 3 至 9 个主管合伙人，可以同时管理几个相互独立的基金。

（2）对人才的激励是风险投资成功的关键

基金管理者和风险企业创立者是两类关键的人才。 风险投资基金的管理者（即主管合伙人）通常称为风险资本家，是熟悉某一专业领域及管理的专家，他们不仅要凭其学识和经验从成百上千个项目建议书中仔细筛选出有成功希望的项目，作出投资决策，还一定要参加其所投资企业的董事会，主要是进行财务监控（规范财务管理并对增资、停业、上市、出售等关键问题作出决策），还要协助该企业建立一个强而有力的管理核心，包括总裁（CEO）、技术总监（CPO）、财务总监（CFO），主管销售的副总裁以及主管市场开发的副总裁等。普通合伙人除了从每年的管理费（一般为基金总额的 2.5%）中支取工资外，更主要的是可从基金的投资收益中提取 20%，这就促使他们选好项目并加强对风险企业的管理，以尽力提高基金的投资收益。风险企业的创业者（企业家）通常只领取少量现金工资，但可得到普通股或其认购权。风险企业上市时雇员的股份一般可达 25%，其中 5 名管理核心约占 1/3，而 5 人中总裁的股份约占一半。

（3）风险投资主要支持高技术风险企业的开拓与成长

美国风险投资的重点是信息技术和保健领域。风险企业从创办到上市或售出的全过程通常历时 3 年～7 年，分为初创、开拓、成长和成熟四个阶段，其所需的资金量也不断增加。在美国，初创阶段通常需要300万美元左右，以后各阶段所需资金大约是其前一阶段的一倍。因此必须要有充裕的初始及后续资金的支持。前两阶段由于风险较高（成功后其回报率也较高），故通常只由风险投资基金来支持。到成长阶段时可以取得一些机构投资者的支持，到成熟阶段时可以取得证券投资基金甚至银行的支持。

（4）上市和出售是风险投资蜕资的主要手段

风险投资公司将企业培养成功后，就要通过蜕资来将其所有者权益变现。最常用的办法是将风险企业上市或出售（主要是通过兼并和收购的方式出售给大企业，个别情况下也可出售给企业员工或创业者）。由于风险企业虽然成长很快但规模通常偏小，且在其成长过程中因需不断增资，故使得其各项业绩指标难以达到传统证券市场的要求。为此必须开辟面向中小企业（特别是高新技术的中小企业）的证券市场。例如美国的纳斯达克小型资本市场，它有约1800种个别上市股票，其上市所要求的条件比较宽松，故特别适合于中小型高新技术企业融资，可为风险投资提供蜕资出路。这类市场通常称为第二板块市场（简称二板市场）。上市后的公司在运行较成熟后，往往可再升级到纳斯达克全国市场（有约4400种股票上市，属于第一板块市场）。这种股市二板结构也为杠杆赎买（LBO）后二次上市提供了方便。

（5）政府应创造有利于风险投资的政策法规环境

美国国会在1978年至1981年这4年间连续通过了5个有利于风险投资发展的法案，例如1978年收入法案将资本增值税由49.5%降至28%，对长期的权益投资起到了很大的激励作用，使得1979年风险投资基金的承诺金额比前一年扩大了10倍。而1981年的经济恢复税务法又进一步将资本增值税由28%降低至20%，从而使得当年风险投资基金的承诺金额翻了一番。

二、欧洲国家风险投资的发展状况

欧洲风险投资的起源可以追溯到更远的15世纪。当时世界经济正处于从手工作坊向手工工场的转型时期。但英国等一些欧洲岛国,其工商业已有了相当程度的发展。因受地域所限,不得不通过远洋贸易来寻求经济的进一步发展。由于远洋贸易需要巨额资本,超出单个工商业者的资本实力,于是纷纷以入股合营方式设立企业组织。这种专门从事远洋贸易的企业组织,自然需冒很大的风险,故冒险便成为企业创业的代名词,这是早期欧洲风险企业的原型。

1. 欧洲风险投资发展概况

欧洲风险投资业的真正萌芽,始于20世纪五六十年代。当时受到美国风险投资迅速发展的影响,欧洲的一些主要国家如英国、德国也开始出现小型风险投资公司,从事风险投资的业务。

自20世纪70年代以来,欧洲的经济出现了长期的停滞,其发展速度远远落后于美国和日本。究其原因是因为欧洲的经济发展战略出现了失误。其主要表现在两方面:一是忽视了科学的应用性,忽视了科研成果在具体生产中的实际应用;二是没有及时把握未来产业的发展方向,没有抓住新技术革命的机遇,迅速开发新技术,开拓新市场,从而造成经济结构调整缓慢。这造成新兴企业特别是高科技风险企业的严重不足。

经济的低速发展和高失业率,迫使欧洲的企业界和政府重新评价原来的经济政策和企业发展战略。为了鼓励风险投资和创办新企业,以提高就业率,欧洲各国采取了许多重要措施。例如:各国政府采取积极措施,通过减免税收、直接拨款补贴、提供优惠贷款和简化手续等办法,积极推动和引导风险投资公司和风险企业的发展。

虽然欧洲风险投资业的发展,与美国相比滞后很多,甚至不能与美国相提并论,但是**20世纪80年代以来,在各国政府的一系列政策措施的支持下,欧洲的风险投资业也取得了较大的发展**。为了形成统一的风险投资环境,克服因各国有关的法律、税制等不同而造成的障碍,欧洲各国政府还采取了一些联合行动。1983年8月,欧洲40家风险投资基金发起成立了欧洲风险投资协会(EVCA)。1983年底拥有资本20亿欧洲货币单位,约一半的资本已投入3000多家高新技术企业。到1985年12月,欧洲风险投资总资本已超过659亿欧洲货币单位,比1984年增加38%。风险投资

已为数千家企业提供了发展资金。**欧洲很多成功的风险企业是在风险投资的帮助下建立起来的**。到20世纪90年代中期，欧洲风险投资每年的投资额已超过50亿欧洲货币单位（包括管理收购）。投资的项目在5000—7000个之间。在1995年底，欧洲的500家左右的风险投资公司对外宣称已拥有两万家风险企业，累计投资328亿美元。

1997年，欧洲的风险投资公司筹集了220亿美元，是1996年筹集资金额的两倍多，其中有一大半是来自英国。但德国的风险投资基金增长了650%，在瑞典也增长了将近200名。这些风险资金不断地涌入处于创业阶段的风险企业，而不是那些原来欧洲风险投资家偏爱的相对成熟的公司。整个欧洲风险投资在经历金融危机之后逐渐回暖反弹。其增长主要来自德国、法国、瑞典和以色列。尽管英国仍是欧洲风险投资额最高的国家，但法国已经在近年来不断超越美国。到2014年第三季度，欧洲风险投资正从前期低速中走出，总额增长了30%。

2. 风险投资在欧洲主要国家的发展

德国是欧洲风险投资比较发达的国家，它起源于20世纪60年代中期。90年代后期，德国风险投资开始迅猛发展。这首先要归功于1997年3月类似于美国纳斯达克的德国"新市场"的设立，为风险投资创造了一个新的退出渠道。其次，从20世纪90年代开始，在德国，仿效美国模式的互联网初创企业如雨后春笋般出现，加上德国电信行业的私有化和放松管制也为这类企业创造了前所未有的创业机遇。**这些都为风险投资的进入创造了条件，德国风险投资业的发展进入了一个崭新的时期。**

由于其法律和历史因素的限制，在美国占据主要地位的有限合伙制创业投资组织形式在德国始终无法开展起来。目前德国主要采用的创业投资组织形式有：①有限责任公司；②有限责任合伙；③投资公司基金。另外的一种比较特殊的形式就是创业投资公司，它是在传统公司的结构形式上建立起来的，具有两个突出的特点，一是可免征交易税和净财产税，二是可以有限地减征公司的所得税和资本利得税。

英国风险投资业是欧洲最大的和最发达的。进入20世纪80年代中期，**英国私营风险资本迅速发展，多家美国风险投资公司到英国发行债券，筹**

集资金，在英国建立统一的风险投资管理机构，并进行风险投资，这给英国风险投资作了一个示范。1980年11月，英国建立了未上市证券交易市场，为风险投资提供退出通道。重新修改后的公司法允许企业主回购股份，由此可实现对企业的控制，也为外部持股人提供了退出的机会。1983年1月成立了英国风险投资协会，以探讨风险投资发展中的一些问题，游说政府改变现行法规或立法制度以利于风险投资业的发展。到1985年12月31日，英国风险投资协会共有67名会员，它们分别来自政府，独立的风险投资公司及附属于银行、保险公司、养老基金的风险投资公司。经过几十年的发展，英国成为欧洲风险投资最为发达的国家。1995年，英国风险投资项目数占全欧洲的34%，投资额占全欧洲的42%，向1200多家公司投资超过20亿英镑。现在英国科技领域90%的投资依靠风险投资资本，85%的风险投资用于发展新兴工业。从业绩来看，1996年英国风险投资基金的净回报率为14.2%，超过了其他金融资产的回报率。

相比之下，起步较晚的法国和瑞士的风险投资发展比较缓慢。尤其是法国，虽然在很多单一科技领域居世界领先地位，但由于调动整个产业的风险投资不足，没有形成大批高新技术开发优势，因此其高科技产业在国际上的整体实力仍很弱。

三、亚洲国家风险投资的发展状况

亚洲的风险投资开始较晚，但是发展速度很快，规模日益扩大。最为典型的就是日本，它密切关注美国商业与技术的发展，尤其是小企业的发展，并予以借鉴。

亚洲新兴工业化国家的风险投资，也在美、欧风险投资浪潮的推动下产生并发展。它起步于20世纪70年代中期，到80年代有了迅速的发展。

1. 日本风险投资的发展

与西方发达国家相比，日本是风险投资的后起之秀。长期以来，日本的风险投资习惯于从大经济财团的附属投资公司和银行中寻找资金来源。

因此，日本的风险投资形成了一个以大企业和大银行为投资主体的独特模式，其私人风险投资大大落后于美国。

直到20世纪60年代，日本政府为协助中小企业与风险投资业的发展，才仿效美国，制订"日本小型企业投资法"，并同时在东京、大阪及名古屋成立三家"财团法人中小企业投资育成会社"。日本政府相继出台了一系列推动风险投资业发展的政策措施：①1963年制定并实施了《小企业投资法》，为风险投资提供法律保障。②1963年分别在东京、大阪、名古屋三地成立了三家"财团法人中小企业投资培育会社"，用购买新创业企业股票和可兑换债券的方法为其融资。③建立"中小企业金融公库"、"国民金融公库"、"工商会金融公库"，为一般中小企业提供优惠贷款。在以上措施的鼓舞下，伴随微电子等高技术的迅猛发展，1972－1973年一批技术革新型、研究开发型的创业企业相继成立，从而形成了日本风险投资第一次高峰。

1974年日本通产省亦设立了个半官方形态的"风险投资企业中心"，以促进日本风险投资业的发展。民间第一家风险投资公司为成立于1972年的"京都企业开发"。当时在金融宽松的经济环境下，日本企业为发展自己的生产技术，相继设立风险投资公司，形成日本第一次风险投资热潮，但因第一次石油危机的冲击而告停顿。

随着新技术革命的不断发展，新技术、新工艺和新材料不断涌现，加上政府各种政策的大力扶持，从1983年开始，日本又出现了第二次风险投资热潮，风险企业如雨后春笋般涌现，风险投资也东山再起。1982年，日本第一个有限合伙制风险投资机构成立，日本人称这种机构为"投资事业组合"，此后这种新的有限合伙制的风险投资机构不断涌现。到1986年，日本风险投资额已达到9000亿日元，风险投资机构达1 800家，进入20世纪90年代，风险投资规模仍在继续稳步上升。**特别是90年代后，为摆脱泡沫经济破灭给日本经济带来的冲击，日本政府加大了对风险投资的规划和支援力度，希望借此为培育21世纪新兴产业作出贡献。**1991年10月，柜台交易的最高形式JASDAQ系统（日本证券经纪人协会自动报价系统）开始运营，1995年4月，撤销了对发行股票公司数量的限制。同年7月，柜台交易注册基准更低的第二柜台市场成立，在日本掀起风险投资的第二次热潮。到 1995 年 3 月，日本的风险投资已投资的风险企业超过一万家，投资金额超过 8500 亿日元。

目前日本拥有较大的风险投资公司 40 多家。日本风险投资的发展为日本经济的增长作出了很大的贡献，在它的支持下，日本信息产业有了飞速的发展，信息化投资对日本国内生产总值的实际增长率产生了显著的影响。**从一定程度上说，日本风险投资的兴起也带动了该行业在亚洲其他国家的发展。**

虽然日本的风险投资业取得了较快的发展，但与美国风险企业不断涌现情形相比，日本风险企业的设立较少。近 10 年来，日本风险企业的设立逐年下降。这种现象已引起日本朝野的极大关注。

制约日本风险投资业发展的因素主要有如下几个方面。

一是银行对风险投资公司的控制。有一半以上的风险投资公司的母公司是各类商业银行，银行所属风险投资公司的资本总额占全行业的 75%。风险投资业基本上沿袭了银行的管理制度。在风险投资业的从业人员中，具有科技背景的很少。这种人员构成阻碍了日本风险投资业对处于研究与开发、创业阶段的高科技企业中投资机会的选择和识别，这是日本风险投资集中在风险企业成熟后期进行投资的重要原因。

二是日本的风险投资周转速度较慢，资金长期沉淀在股票市场上。大多数风险投资公司在其投资的风险企业上市之后，仍将继续持有该企业的股票，并以在股市上的运作作为获利的主要来源。

三是还没有真正形成一个以中小新兴企业为主要服务对象的二板市场，从而造成日本的风险投资以风险贷款为其主要投资形式。在上市公司规模和股票交易量方面，日本的 OTC 市场与美国的纳斯达克二板市场相比差距较大，与欧洲的情况相似。

2. 新加坡风险投资的发展

风险投资活动在新加坡始于 1980 年，为鼓励当地企业发展或创新，1984 年，新加坡通过了给予对采用风险资本建立的高新技术公司免税 10 年的立法。

1985 年新加坡政府成立经济发展局风险投资基金（EDB），专门资助

具有战略性高新技术产业的发展。EDB 最具诱惑力的投资项目是"国民生物工程控制计划",是新加坡标准与工业研究所和新加城国立大学合作兴办价值为 660 万美元的食品生物技术中心提供的 480 万美元资金。EDB 还投资 2000 万美元设立了一个生物技术投资公司,主要为国内外生物技术公司提供资金,该公司已经开始了 5 个投资项目,并在美国加州建立了一个子公司。新加坡的一家主要的风险投资公司——东南亚风险投资机构,是由美国和荷兰共同开办的。这家外国风险投资机构以 3500 万美元的资金与亚洲国家的风险投资公司一起进行风险投资活动。

另一个与政府有关的风险资本提供者是全国科技委员会(NSTB)。其最大的受益者是海洋技术公司,该公司从 NSTB 获得补助金 33.25 万美元,用于快速密纹光纤唱片存储系统的开发。另一位受益者是拉蒙尼克公司,该公司接受 NSTB 提供的 12.1 万美元,用来开发计算机绘图用的产品模型彩色图像处理系统。

新加坡政府对风险投资事业实行了一系列的奖励措施。一是对公司及个人之风险投资实行奖励。凡投资于先进科技项目,其出售投资股份所产生的全部损失,可由投资者其他可课税所得中抵扣。二中建立区域风险投资基金。经核准之创投计划引进如能大幅提升目前工业水准之新科技或生产技术,且在新加坡境内尚无从事相同科技、技术者,则可享受免纳所得税之优惠,租税假期 5~10 年不等。三是实行免税优惠。风险投资基金管理公司,其来自管理费用及红利之收入可免税,最高可长达 10 年。

在政府的积极推动下,新加坡的风险投资业从 20 世纪 80 年代中期开始获得了较快的发展。新加坡经济发展局公布的调查结果显示,风险资本总额在 1995 年为 53 亿美元,1997 年激增至 74 亿美元。截至 1997 年,新加坡共有 56 家风险基金管理公司,240 名左右的风险投资家。

目前,新加坡已成为对东盟国家进行风险投资的地区性中心。在 1997 年实际投资的 34 亿美元的风险投资中,只有 18% 被投在新加坡,46% 投在其他东南亚国家,其余的则投资在北亚、中国、欧洲和美国等地。

3. 韩国风险投资的发展

在亚洲,韩国政府也是推动创投事业不遗余力的国家,第一个创投公司创立于 1974 年，称为韩国高科技公司，为政府资助的公司，负责将另一家政府出资机构之研发成果商品化。

1981 年，韩国科学技术部制定了经费竞争制度，预先给企业提供研究开发资金的低息贷款，在实现商品化之后 5 年内偿还。

1986 年，韩国政府为了扶持高科技产业的发展，通过了《中小企业创业支持法案》和《新技术财政资助条例》等法案，为私人投资者和企业进入高科技领域提供资金支持和税收减免。

在 1987 年至 1997 年期间，韩国的风险资本家共在 1891 家企业中投资约 1.5 兆韩元，其中约 3/4 是投资于电子和通信行业，近 1/3 的风险企业在韩国 KOSDAQ 上市。2001 年韩国已有 58 家风险投资公司，资本额达到 7.3 亿美元，近两成的资金来自国外，这些外国投资给韩国企业带来了新的技术和管理经验。近些年，韩国政府进一步刺激本国的风险投资，2005 年到 2008 年的 4 年间，韩国政府为需要注资的风险企业提供 12 万亿韩元的风险投资，以支持民间创业，为高风险高成长类型企业提供融资便利。

经过 30 多年的发展，韩国的风险资本行业现在已有 33 个风险公司，19 个合作伙伴，包括已缴资本和借款，这个行业是亚洲第二大行业（仅次于日本），它和中国香港特别行政区、澳大利亚持平。

在韩国，法律、改革和股市的自由化促使了风险资本业的发展。1986 年 5 月，中小型企业的"风险企业创造法"加大了对基金发展的刺激。这项法律再加上"风险资本行业法"免除了公司的资本收益税，使它们可以用税来抵偿投资损失，允许风险公司从事租赁、代理的业务（这在韩国很有吸引力），对股息给予优惠的待遇。韩国风险公司的传统模式集中在帮助小公司采用外国技术，而不是在风险更大的项目上投资。**韩国发展投资公司是这些尝试中的重要角色，它正努力成为建立国内外合资制造业风险经营的经纪人。**

尽管韩国的风险资本规模很大，增长很快，但它仍是受政府管理的国内行业。到现在为止，风险资本公司还被政府暗暗地控制，还是在抚育韩国的小企业。然而，近来韩国的风险资本行业开始向国际上观望。在部分程度上这是因为在最近的 3 年，劳动力的成本增加了 75%。所以工厂要搬到劳动力成本低的国家，尤其是东南亚国家。风险公司正在国外寻找有技术转化潜力的项目。尽管政府严格限制外国参与的程度，许多风险经营合作伙伴还是在寻找外国的投资者，这主要出于网络化的目的而不是需要资金。1992年，政府明显地开放了资本市场，外国的资本参与也会大量地增加。

韩国近年来在科技发展上大有进展，在资讯科技上，韩国成为世界第三大半导体生产国，尤其是动态随机存取器（DRAM）表现最为突出，并已开发出液晶显示器技术。新加坡则是全球最大的硬盘制造国，同时也是多媒体制品的主要产地。两国在科技发展策略上有许多相似的地方，政府部门均积极介入，如制定科技发展政策，设立专职机构推动政策，利用各种诱因吸引外资与技术转移，以及人力资源的培养等。

4. 印度风险投资的发展

印度从20世纪70年代起，为促进产业结构调整，扶植高新技术产业，加快技术成果转让和高新技术产业化，开始发展风险投资。**由于资金有限，印度的风险投资与发达国家相比，有许多不同的特点。**

印度风险投资业的产生有两种途径：一是由金融机构兼营风险投资，如国家在印度工业开发银行、印度工业投资公司、印度工业信贷与投资公司等金融机构建立风险基金，通过这些金融机构进行风险投资。二是建立专门的风险投资公司，如"印度风险资金与技术投资公司"，它实际上是金融机构向风险投资领域的延伸。其资本金来源于印度工业投资公司的一笔2亿卢比的风险基金。另一家"印度技术开发与信息公司"则是由印度工业信贷与投资公司和印度联合信托基金所经营的风险基金发展而来的。

印度风险投资公司的投资范围和方式鲜明地体现了国家目标，注重技术的国产化和项目本身对国家或当地经济发展的作用。即投资高新技术领域，对于利用本地原材料和有出口潜力的项目也给予支持，特别是国家科技重点项目以及对国民有重大意义的项目。

总的来说，印度风险资金规模较小。风险投资中个人额度不超过150万卢比，两人合营额度为250万卢比，两人以上合营额度则不得超过300万卢比。一般情况下，风险资金的投资不超过项目投资的50%，对采用国产技术且有市场前景的项目，公司也投入超过总投资50%的风险资金。

印度的风险投资以孵化企业为主，主要扶持新建企业，为其承担风险，有些项目虽非技术型产业，也可以得到较优惠的投资。

印度的风险投资以独立经营为主。风险投资公司很少采用发达国家流行的联合投资、共担风险的投资方式，其主要原因是风险投资的项目以中小型项目为主，金额一般不超过 5000 万卢比。

总的来说，印度建立专营风险资金和技术投资银行的实践是成功的，有效地促进了科技成果的商品化和加快技术转让。

第三章

我国风险投资的现状与思考

风险投资作为高技术产业发展过程中投融资系统中的关键环节,对高技术产业发展的作用如同杠杆的支点,其金融的价值、经济的价值已在高技术产业发展的历程中充分展示。我国在风险投资业的发展上,已做了近30多年的探索和实践。然而,我国的风险投资还仍处在起步阶段。虽然随着改革开放的不断深入,我国已对风险投资进行了近20年的探讨,但是,真正开始出现风险投资还是近十年的事。因此,很有必要对我国的风险投资的现状进行一套分析和思考。

一、我国风险投资的兴起与发展

我国的风险投资业最早萌发于 20 世纪 80 年代初。当时，全球正在进行一场新的技术革命。美国的"硅谷"以及风险投资对高科技产业的推动作用，使国人深受启发。1985 年中共中央在《关于科学技术体制改革的决定》中指出："对于变化迅速、风险较大的高技术开发工作，可以设立创业投资给予支持。"这样，**风险投资在我国的发展就有了政策上的依据和保证。**

1. 我国风险投资的发展历程

1985 年 9 月，在科技部和中国人民银行的支持下，经国务院批准成立了我国第一家风险投资公司——中国新技术创业投资公司，这是一家专营风险投资的全国性金融机构。

1988 年开始，科技部成立了火炬基金，在新加坡上市，募集资金 1 亿美元，用于中国新技术企业的发展。火炬基金是典型的风险投资基金。

1989 年，在中国人民银行的支持下，中国工商银行和中国农业银行率先开办了科技贷款业务。同年 6 月，由科技部、原国防科工委、招商局集团有限公司所属的四家公司共同出资兴建，经原对外经济贸易部批准，成立了中国科招高技术有限公司。该公司主要从事国内外高新技术企业的投资，支持社会经济效益好的高新技术成果、发明、专利等尽快转化为产品和商品，促进我国高新技术产业的发展。

虽然我国政府已经开始认识到风险投资在高科技产业的推动作用并给予了一定重视，但是，由于 20 世纪 80 年代我国改革开放刚刚起步，整个经济运行还处在计划经济体制之下，市场经济的大环境还未完善，与风险投资发展相配套的各项政策还未建立和健全，对风险投资公司还缺乏充分的认识。**我国风险投资业经历了近十年漫长的孕育期，其发展非常缓慢，没有形成现代意义上的风险投资业。**

进入 20 世纪 90 年代，我国的风险投资在政府政策的推动下，开始有了新的起色。

1991年，国务院在《国家高新技术产业开发区若干政策的暂行规定》第六条中指出："有关部门可以在高新技术产业开发区建立风险投资基金，用于风险较大的高技术产业开发。条件成熟的高技术产业开发区可创办风险投资公司。"这标志着风险投资已受到政府重视。

1992年，辽宁省沈阳市率先建立了科技风险开发投资基金，采取了贷款担保、贴息垫息、入股分红等多种有偿投资方式，为企业发展科技分担投资风险。随后重庆、太原、江苏、浙江、广东、上海等相继成立了相应的科技创业投资（基金）公司。

1992年，美国国际数据集团（IDG）下属的太平洋技术风险投资基金（PTVC）将风险投资引入中国，在北京、上海、天津、广东等地设立了4个技术风险投资公司，专门从事科技产业投资业务。

1994年，财政部和原经贸委联合组建了中国经济技术担保公司，其经营宗旨是，通过运用信用担保和投资等经济手段，引导投融资流向，支持高新科技成果转化为现实生产力，促进企业技术进步，以及疏通流通渠道，促进商品交换，为我国国民经济发展服务。该公司是我国唯一一家经批准专营信用担保业务的金融机构，成立以来，对担保业务进行了初步的探索，并对高新技术企业进行了直接的风险投资，对促进科技成果的转化及高新技术企业的发展起到了积极的作用。

1995年5月6日，国务院在《关于加速科技进步的决定》中指出："发展科技风险投资事业，建立科技风险投资机制。"这一决定对推动我国风险投资的发展起到了促进作用。

1995年，深圳市投资管理公司、科技局、经发局和计划局共同投资1亿元，组建了"深圳市高新技术投资服务有限公司"，开始进行科技风险投资的担保尝试。

1996年9月15日，国务院在《关于"九五"期间深化科学技术体制改革的决定》中，再次强调："积极探索科技发展风险投资机制，促进科技成果转化。"此后，掀起了一股对风险投资进行考察研究和尝试的浪潮。

1997年，深圳市成立了深圳市科技风险投资顾问有限公司，即中科融公司。该公司专门从事高科技等高成长行业的策略性投资银行业务。

1998年，随着知识经济对我国的冲击和影响，越来越多的有识之士，认识到发展风险投资对我国高科技产业和经济发展的巨大作用。1998年3月在人大、政协"两会"上，民建中央提出了《关于尽快发展我国风险投资事业的提案》，并被列为"一号提案"。在高科技产业界和经济界，风险投资、创业投资、风险企业等已不再陌生，风险投资已成为人们日益关注的热门话题。

1998年6月，从事风险投资的广州太平洋技术创业有限公司宣布向我国财务软件新秀——深圳金蝶财务软件公司投入2000万元人民币，用于金蝶公司的科研开发和国际市场开拓。1998年9月，美国英特尔公司和摩托罗拉公司同时向深圳盛润网络系统有限公司投资500万美元。此后不久，北京市政府支持的两家风险投资公司——北京科技创业投资公司和北京高新技术产业投资公司正式挂牌成立。10月下旬，科技部宣布，未来7年内我国将从美国国际数据集团引进10亿美元，设立风险投资基金。

但20世纪90年代末世界性风险投资泡沫的不断放大，导致了2000年开始全球性股市暴跌，以网络为代表的美国风险投资在"9·11"后雪上加霜，2001年末中国证监会宣布延迟开设二板市场，我国刚刚加速起步的新兴风险投资遭到严重的打击，风险投资额急剧下降。

2003年和2004年我国经济的强劲增长、人民币升值的预期以及多起风险投资成功退出案例的出现（2003年底携程上市，随后盛大、百度、分众等在纳斯达克上市），开始促进风险投资的快速反弹与增长。**同时一系列政策和法规的推出，也极大地改善了我国风险投资业的发展环境。**2004年初，《国务院关于推进资本市场改革开放和稳定发展的若干意见》出台，同年5月，深圳"中小企业板块"正式启动，同年7月，《国务院关于投资体制改革的决定》颁布，以及许多地方性相关法规细则发布。我国的风险投资业开始步入全面复苏阶段，2003年我国风险投资额达到9.92亿美元，2004年达12.69亿美元，分别比上年增长了137%和27.92%；截至2006年底，我国风险资本总量超过583.85亿元人民币，比2005年底的441.29亿元高出32.31%；2006年高达240.85亿元的新筹资风险资本规模，比2005年对应的195.71亿元增加了23.06%。随着内外部环境的改善和风险投资投入的增加，我国风险投资业有望得到更大的发展。

随着发展我国风险投资的呼声日益高涨，我国建立了风险投资体制的框架，发展风险投资已正式列入各级政府的议事日程。中央政府和各地方政府都在积极制定促进风险投资发展的政策措施。

在我国的风险投资发展过程中，民营资本一直比较活跃，有大量的个人资本介入了风险投资。我国高科技产业的发展也与私人资本的投入有密切的关系。许多高科技企业最初就是靠创业者向亲戚朋友借贷发展起来的。在我国高新技术产业开发实验区，大量的有限责任公司及无主管的集体企业也由个人投资发展起来。

我国民营高技术企业发展初期，由于缺乏风险投资渠道和机制，许多大学和研究机构不自觉地担任了风险投资者的角色，并且提供了技术和人才的支持。民营高技术企业的创业者大都是由大学、科研机构分流出来的人员，如四通的创始人是中国科学院的7名科技人员，联想的创业人员来自中国科学院，北大方正的创业人员是北京大学的教授。创业者与原单位有着千丝万缕的联系，往往能够从原单位得到技术、人才甚至资金的支持。我国的各个大学和科研院所在风险投资发展初期担任了重要的角色。

近30年来，我国风险投资业在发展历程中，已积累了不少适合我国国情的风险投资业发展的成功经验，值得我们认真总结。同时，也必然存在诸多问题值得我们进一步研究、探讨，并予以解决。

2. 我国风险投资的现状

虽然经过多年的发展，我国风险投资事业得到了一些成就，但与发达国家相比，差距是十分明显的。

（1）投资主体比较单一

目前我国风险投资的主要主体是政府，而企业资本特别是民营企业资本尚未成为风险投资的主体。这种状况就使得我国风险资本的来源比较单一，主要是由政府提供的资金所构成。政府资金在我国风险资本市场中占到了80%左右，这种状况导致了我国风险资本规模较小，影响了风险投资活动的扩展。

（2）规模还需要进一步扩大

据统计，到2010年，全国共有700多家风险投资企业或机构，管理资

金总额为2400多亿元。但真正投入项目的只占其中很小比例，主要是大家都比较小心谨慎，不敢随便投资。从规模上看，中国风险投资比国际上还差得比较多，从实际投入看也是比较少。但在两年之内中国风险投资有这样的业绩，也算是差强人意了。

(3) 法律法规体系还有待于健全与完善

风险投资迫切需要良好的法律环境。根据发达国家几十年的经验，发展风险投资事业至少需要以下五个方面的法律支持：一是关于知识产权的法律法规，如专利法、反不正当竞争法等。这是风险资本价值评价的基准，也是保护和鼓励创业活动的基本前提。二是关于企业制度，特别是股份制度方面的法律法规。风险资本进入和退出的核心是风险企业股权的交换，企业股份的制度安排和确立这种安排的法律地位则是实现股权交换不可缺少的基础。三是关于支持中小企业发展和技术创新的法律法规。中小企业是科技成果转化的最重要载体，但由于其基础薄弱和发展困难，通常需要特别制定法律法规加以扶持。四是鼓励在高技术领域投资的法律法规。制定这类法律的目的主要是保障投资者利益的吸引投资，同时也有助于引导资金投向，规范政策的执行。五是规范风险投资基金和风险投资公司运作的法律法规。这是风险资本的操作依据和指南。**从我国目前情况来看，上述的法律建设都严重欠缺**，导致风险投资机构法律地位不明和责权利关系不清，高技术中小企业创业和经营困难，相关制度建设滞后。为了推动中国风险投资事业的发展，当前亟待加快有关法律的基础性建设。

(4) 政府的政策体系还需要进一步健全、完善

现行支持高新技术转化政策的突出问题有三：一是原则性规定过多，如"优先支持""优先办理""妥善解决"等等。政策含义不清，实施中又难以检查监督。二是政出多门现象突出，政策导向目标分散，各有关部门互相牵制，优惠政策难以落实。同时出现了中央政策优惠程度不及省市，省市又不及县镇的反常现象。加上各类高新技术园区都在争夺投资者，很多享受优惠政策的企业事实上并不是高新技术企业。三是政策手段单一，各种优惠政策大多集中在税费减免方面，而税费问题并不是真正影响创新企业发展的关键性因素。

为了推动风险投资事业的发展，从政策角度来看，一是要对现有政策进行整理，补充支持风险投资的有关政策，突出解决关键问题。二是要对不协调部分进行整合，对不完善部分进行充实，力求在各部门认同的基础上，形成统一的促进高新技术产业发展和支持风险投资活动的政策体系。三是要适度加大政策的集中度和支持力度。

根据国外经验，支持风险投资需要以下政策。

其一，政府对从事高技术风险投资的企业提供补助。例如加拿大安大略省对向高技术风险企业投资的个人的投资者提供投资总额30%的投资补助；新加坡对连续3年亏损的风险投资者提供亏损额50%的政府补助等。

其二，对风险投资活动提供税收优惠。如美国对风险投资收益的60%免税；法国风险投资公司从持股中获得的资本收益可免除部分所得税，免税金额最高可达收益的1/3；英国对风险投资信托实行全面税赋豁免；新加坡风险投资的最初5~10年完全免税，并允许风险投资公司从所得税中扣除投资于经批准的风险企业造成的损失等。

目前中国有关部门和各级政府制定的各种优惠政策中，**对风险投资活动的支持力度明显不足，需要在财力许可的情况下，加大支持力度。**

3. 制约我国风险投资发展的主要因素

影响我国风险投资的主要原因有以下几个方面。

(1) 投资主体单一，资金规模较小

我国的风险投资机构主要是由国家和地方政府创办或资助的，投资主体一般是国有银行和地方科技部门，投资对象主要是国有企业或有国有背景的高科技企业，投资主体单一，还没有真正成为一个市场化和商业化的产业。虽然我国有居民储蓄存款超过10万亿元，但缺少民间资本进入风险投资领域的渠道和运作保障机制。社保基金、保险公司等大资金机构尚未能进入风险较高的风险投资业务。**由于投资主体单一，资金来源有限，风险投资公司的规模普遍偏小，很难成为我国高新技术产业发展的主要支持力量。**

(2) 缺乏进行可供投资的风险企业群

与美国等发达国家相比，我国高新技术产业发展相对缓慢，技术创新的强度、速度和频率，远远不及发达国家，特别是在自主创新、拥有企业自主知识产权的创新上，更显得不足，还没有形成一个可供风险资本进行大规模投资的风险企业群。

(3) 缺少高素质的风险投资家群体和风险企业家群体

风险投资的成功很大程度上取决于一批高素质的人才队伍，特别是具有丰富知识和经验、能够驾驭市场风险的风险投资家和具有创新精神、敢于冒险、具有综合知识和能力的风险企业家。由于我国风险投资起步晚，还没有形成一个文化环境和机制来不断培养出一批能支持风险投资业发展的风险投资家和风险企业家，严重影响和制约了我国风险投资业的发展。

(4) 风险投资退出机制尚未完全形成

风险投资是一种权益投资，追求的是股权增值收益，只有在合适的时机顺利地变现股权才能获得收益。而变现股权最有效的方式就是风险企业的股票首次公开上市。目前，我国证券市场中，沪深两市的主板市场上市要求较高，一般高新技术企业难以达到要求，中小企业板不仅容量尚小，而且也不是专为风险企业退出设立的，创业板还没有开通，这是阻碍风险投资规模化发展的一个主要因素。

(5) 风险投资的支持体系不够完善

首先表现在现行的经济法律法规中，有许多规定既不符合高科技产业与风险投资发展的客观要求，也滞后于我国高科技产业和风险投资迅速发展的实践。国内金融业市场准入尚未真正引入市场机制，还存在着相当多的壁垒和自然垄断因素。此外，由于对知识产权保护不够，使不少风险投资不敢涉足风险较大的中试前期的投资，这不仅影响风险投资公司对技术价值的肯定，也限制了风险投资对企业无形资产进行运作的空间。其次表现在中介机构的服务质量上。风险投资的过程中涉及投资银行、会计师事务所、资产评估事务所等相关中介机构，而目前我国风险投资业刚刚起步，**中介机构的服务职能和评估的科学性、真实性等远远不能适应风险投资的要求**。许多中介机构缺乏足够的职业约束机制和职业操守，这些都与风险投资业的发展要求不相适应。

4. 我国风险投资的发展潜力与发展前景

从整体上看，我国现有规模的风险资本还难以满足市场的需要，而且各个公司投资的行业分布广泛，整个行业仍处于发展的初期，但已经呈现了明显的快速增长趋势，国内风险投资发展前景良好。

(1) 我国风险投资发展潜力巨大

风险投资的市场潜力的大小取决于科技创新的能力。科技创新的能力又取决于人才。我国是世界上智力资源最丰富的国家，拥有雄厚的人才优势。随着国内市场经济的完善，教育科研体制改革的深入，培养出了越来越多的实用型技术人才。宏观经济的良好发展，拥有尖端技术的人才在国内有着广阔的发展空间，也吸引越来越多的海外留学人员回到国内发展。据国家有关部门统计，近10年来，中国归国留学人员数量呈现明显上升趋势。一些国际著名科技企业，如：微软、英特尔、IBM等也都纷纷在中国建立研究开发机构，利用中国的人才资源。以微软公司为例，微软公司第二个海外研究中心就设在了中国。正如比尔·盖茨所言"中国有太多的优秀人才，我不得不这样做"。人才是技术创新的保证，人才丰富的中国必将为风险投资提供越来越大的市场。

(2) 我国风险投资具有良好的发展前景

实践已经证明，风险投资在我国经济中发挥着越来越大的作用。建立风险投资体系，吸引国际风险资本会有力地促进我国信息技术、生物工程、新型材料、新型能源、光机电一体化等高科技成果转化为生产力。

目前，我国科技成果得以成功转化的比例约为30%～35%左右，还远远低于发达国家的60%～80%。其主要原因是我国科研经费和科研转化资金比例较低。有关研究报告表明，我国每年2万多项的省、部级以上高技术成果中，能够真正实现转化的尚不足30%已经实现转化的科技成果中，资金自筹的占50%以上，银行贷款占45%左右，风险投资仅仅占到5%左右。**这说明，中国的风险投资还远远没有担负起它应有的责任。同时从另一个角度也说明，风险投资在我国还有巨大的发展空间。**

中国每年几万项科技成果，实现商品化后会具有广阔的市场前景。拥

有这些科研成果的新兴企业通过风险投资的培育，能实现快速发展。同时，随着金融体制改革的深化，证券公司、投资公司、保险公司等金融机构，近几年积聚了一定的人才和运作经验，现有的风险投资公司和高科技企业中也不乏一批懂技术、懂管理、懂金融的复合型人才，他们为风险投资体系的建立和发展提供了初步的人才和组织保障。而且，人们的金融意识、风险意识和收益意识已经有了明显的提高，资本市场开始出现包括投资公司、大型企业集团、证券公司在内的战略投资者群体，这些法人机构有较强的承受风险的能力和获取高收益的投资欲望。在条件允许时，风险资本的来源渠道将更为广阔。

因此，无论是从加快国家高科技产业化进程来说，还是从经济发展的客观必然来看，中国的风险投资事业在各方的努力下，必将有一个美好的未来。

二、发展我国风险投资的战略性措施

1. 健全风险投资的法律体系

完善的市场应有与之相适应的完善法律，只有在法律下运行的市场才是规范的市场。风险投资对法律环境有着较高的要求，法律、法规体系的完善是风险投资机制正常运行的基本保证。就中国现有的法律环境而言，国家应尽快制定《风险投资管理法》和《风险投资收益优惠税法》，同时修订现行法规中不合理的条款，如有关风险投资组织结构的立法方面，目前可通过修改法规或订立新法规的方式，逐步消除现有法规中存在的障碍。切实有效地调整风险投资法律关系，这对于规范和增进我国风险投资事业具有积极的现实意义。

（1）对于风险投资公司的设立和经营管理行为应作出法律规定

我国应组建多元化风险投资公司，除政府出资外，还应鼓励工商企业、银行、信托公司、保险公司、社会保障基金等参股组建风险投资公司，允许条件成熟的风险投资公司上市，吸引外资参与到我国的风险投资公司中来。由此，风险投资公司按投资主体可分为国有、合作、私有和外资风险投资公司。目前，我国可组建以政府财政资金为主的风险投资公司、以大中型企业为主的风险投资公司和民营的风险投资公司。对于现有的风险投资公司应加以改造并得到法律保障，法律应允许高新技术企业中知识产权所占的股权比例较高，对高新技术开发区内的风险企业实行减免税，组建以高校和国家级科研机构专家为主的风险投资项目评估机构等。

（2）以法律保障风险投资基金的正常运作机制

风险投资基金是风险投资的一种组织形式，它通过发行风险投资基金股份或受益凭证的方式，汇集社会大众投资者的资金，委托专门的风险投资管理机构进行各类针对高技术风险企业或风险投资项目的分散组合投资。风险投资基金的投资对象是风险企业，按其组织形式可分为公司型基金和契约型基金；按基金募集的方式可分为公募型基金和私募型基金；按受益凭证是否可以回收又可分为开放型基金和封闭型基金。由于风险投资的风险大、投资周期长，一般风险投资基金采用封闭型基金，我国应以发展私募型基金为主，并可根据不同专业类别设立不同的风险投资基金。这些都应得到法律的明确规定，它们的运作活动、行为规范应得到法律的有效调整。

（3）逐步完善风险投资退出机制的法律环境

为了使风险投资退出机制更具有可操作性，在法律上应尽快保障证券市场的开放性，设立第二板市场。第二板市场为规模小、期限短、盈利好的中小企业提供一条通向公众的资本融通渠道，目前许多国家都设立第二板市场。在美国，纳斯达克与主板市场上市条件相比，在净有形资产、税前收入、公众持有的股票、公众股东、公众持股的市值等方面都存在明显差异，也正因此，美国高科技企业得以尽快上市。

（4）在法律保障下，组建合理的风险投资产权交易市场

首先应明确产权交易的合法性，明确高新技术企业的所有权，然后组建产权交易中介机构，通过产权交易组织的服务保证产权交易的公正、公

开和公平。这些风险投资中介机构包括会计师事务所、律师事务所、资产评估和资信评估机构、标准认证机构、专业市场调查公司等。这类交易市场的设立、组织、管理、变更、终止以及法律责任等，应在有关法律中作出明确的规定。

2. 进一步拓宽风险资本的来源

目前我国风险资本的来源主要是政府，约占80%。拓宽我国风险资本的来源渠道，改变结构单一的风险资本构成格局，已经成为燃眉之急。

（1）政府资本在风险投资中继续占主导地位

美国的风险资本市场是由私人资本启动的，这与美国的资本市场的成熟和完善是分不开的。我国由于市场化程度很低，资本市场很不完善。所以，我国的风险资本市场只能由政府出资启动培育。就目前我国的国情而言，政府在风险投资中占主导作用，无论财政科技拨款，还是研究开发资金的投入，政府都是最主要的来源。在现阶段人们缺乏足够的风险意识和抵御风险的能力，政府应作为风险投资的主体正面介入投资活动，强化政府在风险投资中的导向作用，以增强投资者的信心。

我国政府可采取多种渠道为风险投资提供资金。

①可以从财政收入和发行国债中，拿出一定比例的资金进入风险投资领域。政府以风险投资方式扶植高科技项目，可以大大提高资金的使用效率。国家也可以以定向风险为目的增发国债支付风险投资。

②建立起像"国家科技创新基金"一样的各类专项基金，用以扶植各类科技研发项目。政府对专门研发项目的扶植，是为了促进科技进步进而带动经济发展。设立专项基金，以奖励、补贴、科技招标等各种灵活多样的方式扶植科技项目的研发，有利于提高有关人员的研发热情；有利于在相关领域内形成研发风气；有利于加速我国科技研发体系的形成。

③以政府管理的社会保障养老基金作为风险投资的重要来源。美国的养老金在本国风险投资中发挥的作用最大，英、法、德等国家也都允许一部分养老金从事风险投资，这部分养老金的比例虽小，但由于基金的总体规模庞大，所以，实际参与风险投资的养老金规模也比较可观，推动了各

国风险资本规模的扩大。**我国养老金制度是近几年才刚刚建立起来的，尽管时间很短，也已初具规模。把养老金作为风险投资的资金来源，其规模是相当大的。**

（2）**让公司资本成为风险投资的重要主体**

这里主要是指非金融部门的企业资本，即是那些经济效益良好的大型企业和上市公司的资本。

我国公司资本参与风险投资是可行的，也是必要。一些大型企业有着几亿乃至十几亿人民币的闲置资金，苦于没有好的投资项目。为了提高这些闲置资金的使用效率，获得更高的收益，急需将这些资金转化为风险投资。特别是一些上市公司，通过上市得到了大量资金，又缺乏好的投资项目，使大量资金闲置。**如果能将闲置资金转化为风险投资，必将大大提高上市公司的业绩。**

我国一些大型企业多从事传统行业的业务，受市场规模、产业结构、同业竞争、技术水平等因素的影响，传统业务的增长性非常有限，企业的销售收入和利润水平的增长十分缓慢，本行业的发展已经达到或接近某种极限。而参与风险投资可以使企业以新技术为企业增长的突破口，用高科技来全面改造和提升传统产业，借助于风险投资为企业创造新的资产重组模式，企业得以调整自己的产业结构，重新确定企业新的发展方向。因而，风险投资可以成为企业寻求新的业务增长点的手段。

（3）**金融资本应成为风险投资的重要来源**

我国有三类金融资本有可能成为风险投资的主要来源，它们分别是银行资本、证券公司资本和保险基金。

①银行资本。银行存款是不可以进行风险资本投资的，但是银行完全可以从经营利润中剥离出一部分资金组建起专门的风险投资基金，提高对科技项目的扶植效率。银行建立风险投资基金会给银行带来很大的好处，这使得银行不仅可以获取传统信贷以外的收益，还可以用风险投资的理念去改善银行原有的陈旧而单一的服务体系。**考虑资金的安全性，银行的风险投资基金可以委托风险投资专业机构来管理。**

②证券公司资本。我国现有证券公司100多家，它们是证券市场发展

中的重要角色，证券公司成为我国证券市场发展的最大受益者，这使得他们积累了大量的资本。许多券商一年就有几亿人民币甚至更多的收益。因此，他们有着切实可行的投资需求，最有能力成为我国风险资本的主要来源。证券公司参与风险投资具有很大优势，它们是在资本市场中成长起来的，而且肩负着资本市场与各个领域众多企业之间的桥梁作用。它们既熟悉资本运营，同时又对企业项目有着较强的市场分析能力，并掌握着许多风险投资资源。因此，风险投资的技术操作能力与其他投资者相比也有很大优势。

③保险基金。我国保险基金同养老基金一样，是近十几年才发展起来的，未来具有巨大的增长潜力。受我国《保险法》的限制，保险基金同养老基金一样只限于储蓄和投资国债等，但是，保险基金作为风险资本的重要来源是未来的客观需求。**保险基金开拓新的投资领域（包括风险投资）的客观要求比养老基金更为急迫。**

（4）鼓励私人资本积极参与风险投资

改革开放以来，随着我国经济的快速发展，我国居民个人财富也不断增加，出现了一批剩余财富拥有者。百万富翁、千万富翁、亿万富翁已经很多。这些人掌握大量剩余资本，并且要为这些资本寻找投资机会。而风险投资是这些资本很好的投资方式。所以，我国的私人投资规模、潜力是巨大的。

（5）进一步吸收国外风险资本

自20世纪90年代以来，IDG、华登国际、美商中经和等国外机构开始进入中国从事风险投资活动，它们是早期在中国进行风险投资的国外机构的代表。近年来，随着我国市场化程度的不断提高和改革开放进程的加快，国内风险资本市场对外商的吸引力更是与日俱增。国外风险资本进入中国的主要动机在于国内市场的巨大潜力和由于中国经济的高速持续增长给投资者带来的良好投资预期以及中国国内市场所蕴涵的丰富的技术资源。另外，国外风险资本渴望进入中国还因为一些风险投资发达国家国内市场相对饱和，风险资本有向国外转移的要求，以及经济全球化所带来的必然。

3. 转变政府角色与强化政府的职能

目前，我国对于政府如何在风险投资发展中起作用的问题说法不一，但有一点很明确：没有政府的支持，风险投资在我国的发展是不现实的。然而，风险投资的高度市场化特点与官办机构的计划性是相互矛盾的，这从本质上决定了政府作为投资主体较难成功。国内政府主导型风险投资机构的运作表明，这类机构的运作效率要远远低于私人风险投资机构。而且，从实践看，政府作为风险投资的支持者，最能有效推动风险投资事业的发展，但并不是亲自出面组织和操作风险资本，而是营造一个有利于风险投资活动的政策环境和法律环境。从美国的风险投资发展中我们能看到，1978-1981年，美国政府连续通过五个法案，降低风险投资的资本利得税。这种政策上的支持，效果远远比政府直接投入更能刺激风险投资业的发展。

因此，**为了使风险投资实现良性发展，政府应当引导而不是领导风险投资的发展。**

政府对风险投资的参与，应当是从宏观层面上解决我国当前风险资本供给不足的问题；应满足风险投资对融资渠道多样化和融资成本尽量低的要求，并通过有效的政策措施，对风险投资行为实施强化激励，满足风险投资对高收益率的追求；应拓宽各类资金进入风险投资市场的政策条件，广开风险资金渠道，最终实现投资角色的转换。具体而言，应采取如下措施。

（1）**明确把发展风险投资作为推动科技和经济发展的基本政策**

制定发展规划，并将其纳入国家中长期国民经济和社会发展的总规划。建立专门的政府机构或指定部门负责制定政策、规划并组织实施和协调服务。尽快组建由政府部门牵头，由经济、金融、技术、管理等专家组成的具有一定权威的高科技产业评估咨询机构，为投资和贷款决策提供咨询服务。

（2）**将风险投资活动纳入国家创新体系**

虽然风险投资只是促进创新活动和高新技术产业发展整个链条中的一

环而不是全部，更不是我们的发展目标，然而风险投资事业的成败，又在很大程度上取决于整个国家的创新资源、创新环境和创新能力。因此不能将风险投资活动孤立起来，就风险投资而谈风险投资。为此需要采取如下措施。

①将风险投资事业的发展纳入整个国家创新体系，使风险投资活动与国家创新目标、创新网络更好地结合起来，建立起支持风险投资活动的政策与支持创新的政策之间的互动关系。

②进一步完善现有国家创新体系，提升创新体系的层次，改变目前创新工作主要由科技部一家负责的状况，将创新工作系统化并扩大到全社会范围。同时还要加强各有关政策和计划制定部门的协调，必要时可参照国外经验对创新体系的组织管理结构进行调整，设立协调机构。

③制定和实施促进创新活动发展的具体计划。通过该计划的制定，不仅可以统一各级政府和政府各部门的认识，明确发展风险投资的目标、阶段和手段，还有助于社会各界了解政府的决心和具体实施方案，对民间风险资本起到导向和促进的作用。

(3) 加强对科研成果转化的支持力度

风险投资作为科技进步链条上的一环，需要前后环节的协调配合。从分工上看，风险投资的职责就是"买入"有希望的项目（企业），精心培育使之升值之后再向后继投资者"卖出"。如果将其工作的开始和结束比作"入口"和"出口"的话，则目前"出口"问题已经得到普遍关注（尽管尚未解决），而"入口"问题还没有受到应有的重视。

各国经验证明，大量科技含量高、具高成长前景的中小科技企业是风险投资活动的前提条件，如果没有这样的前提，风险投资业就失去了用武之地。但是目前中国具有投资价值的高技术企业严重不足，即使是在高新技术园区注册的各种科技企业，也很少能拥有自己的品牌和叫得响的产品，绝大多数从事的是贸易、外国品牌代理、外国软件汉化、散件组装等低技术活动。一些起步较早的风险投资机构普遍感到，困难并不在于资金缺乏，而在于有发展前景的好项目太少。因此，**迫切需要国家进一步加大对科研开发和成果转化的支持力度。**

①进一步明确高新技术创业服务中心（孵化器）的地位，加大国家对

孵化器的支持力度。孵化器在科研成果由"种子"阶段进入发芽生长阶段方面具有重要的作用，同时还可以为风险投资家提供大量有发展前景的备选项目。

②加强政府采购的导向和支持力度。政府采购是影响创新方向和速度的重要政策工具，通过采购价格、采购数量、采购标准等的制定，可以有效地降低高技术企业的风险，吸引风险投资家进行投资。因此，今后要通过合理制定采购计划和采购方式，加大政府采购对技术创新的支持力度。同时要制定严格的技术标准和采购计划审查、采购结果跟踪审计制度，防止黑箱操作造成的腐败和低效问题。

③进一步完善高新技术开发区管理机制。中国高新技术开发区的建设对高新技术产业的发展起到了重要的作用，但是近几年来，高新区的发展中也存在一些问题。如政策不统一，管理体制不顺，园区之间低水平盲目竞争现象严重。在这种情况下，是很难为创新企业和风险投资活动提供一个良好环境的。因此，需要对现行政府管理体制进行调整，改变目前分散管理高新技术产业和高新技术园区、分头制定政策的状况，以真正形成合力。

(4) 建立支持风险投资的政策体系

①制定各种激励风险投资的政策，如资金注入政策、税收减免政策、优惠信贷政策、风险补偿政策等；制定有关风险投资公司创立、管理权限、投资、运营、风险转移等方面的管理办法；严格规定其经营目标，大力支持科技成果转化，坚持长期运作，不允许从事资金拆借、房地产、买卖期货、炒股票等业务。

②允许制定获得与高风险相对应的高回报政策体系。推动风险投资活动发展的最重要动力是投资活动带来的高回报。风险投资要能给创业的企业家、知识产权的拥有者提供高回报，只有这样才能鼓励创业者群体的出现，吸引科研人员积极进行科研成果转化和不断地提供创新项目。因此，**应加速科研机构产权制度、分配制度和社会保障制度的配套改革，建立起一套能够充分肯定创业价值和保护创业活动、宽容失败的激励机制。**

(5) 开发风险投资保险业务

保险公司是风险投资市场的主体之一，随着保险业的发展，保险公司

已经有能力为高新技术产业发展及企业科技进步提供风险保障业务。可制定有关政策和措施，开设风险投资保险业务，科学合理地计算风险投资的保险费用。取得风险贷款和科技专项贷款的单位，可先到保险公司投保，当项目万一不成功时，由保险公司承担部分风险。同时还可开展技术转让保险，以促进科技成果进入技术市场和提高成交率，强化企业采用高新技术的积极性。优化社会资源的合理配置，开展海外资本在我国投资高新技术产业保险业务，鼓励国外银团投资我国的高新技术产业，一方面对风险投资进行担保；另一方面直接进行风险投资，两者互相依存、相互支持、相互促进。

4. 大力培育风险投资人才

人才是经济社会发展的第一资源，加快建设人才强国是推动经济社会又好又快的发展，实现全面建设小康社会奋斗目标的重要保证。风险投资是一项专业化的投资活动，要求风险投资家必须具备很高的素质。由于风险投资在中国发展的时间不长，我国还缺乏大量熟悉创业风险投资的专门人才。

通常认为，风险投资家具备五大素质：一是具有事业心、责任心和敏锐的商业直觉；二是具有丰富的待人处世经验；三是熟悉有关的金融、管理、法律知识；四是有一个或一个以上的技术背景；五是与中国金融界、法律界等保持良好的关系。一个高素质的风险投资家是风险投资事业的灵魂，他们不仅要为企业筹措资金，还要为企业制定战略，提供代理咨询，甚至寻找销售渠道。没有专业风险投资家管理的风险投资是危险的。我国虽然在经济发展过程中积累了不少这样的人才，但对整个风险投资事业而言，这还远远不够。

我国发展风险投资的当务之急是培养大批的具有复合技能的风险投资家。政府应该实施积极的风险投资人才战略，包括专业人才的引进，后备人才的培育，以及人才制度的激励和约束。

一是引进人才，我们可以选择通过引进资本的方式和通过优惠的政策，吸引国外的专业人才，这种资本和人才的同时引进，可以产生很好的效应，促进本土人才的成长。以色列、韩国在发展风险投资的过程中，除了引进资本之外，还引进了更加重要的人才和管理。

二是培养人才，在引进外来人才的同时，政府应该更加注重本土人才的培养。作为人才战略，国家可以考虑首先有计划地邀请国外的专业从业人员到国内对本土的从业人员进行培训，并与其所在的机构进行多层次、多形式的合作。同时，有计划地选派一部分高素质的人员到国外进行专业的培训和锻炼，接受国外先进的投资管理理念，学习其投资决策的手段。从长远来看，也有必要在大学相关的专业开设有关的课程，对学生进行创业风险投资方面的教育。只有当国内涌现出了大批优秀的风险投资家，风险投资业才会有持续健康发展的动力。

三是建立约束的机制，尊重人力资本，建立风险投资人才的激励机制，吸引国内外优秀的风险投资从业人员，激发风险投资人才队伍的快速发展。借鉴国外成熟市场的激励机制，比如有限合伙制的分配方式、期权等，同时建立约束机制，包括建立完善严格的项目选择与决策机制，建立明确的业绩指标体系和分配办法。

三、建立完善我国的风险投资机制

我国的风险投资业与外国相比尚有很大差距，因此，我国应从实际出发，建立一套以民间资本为主，按照市场规律、规范操作的风险投资机制。

1. 完善市场化的风险资本运作机制

在风险基金的运作方式选择上，由于现有法律尚不允许有限合伙制度，存款实名制等有关制度的欠缺也使对合伙人收益和纳税的监督无法实现。因此，国外已经成为主流的合伙制基金在我国还无法采用，目前只能选择公司制度和信托制度。但是，这些制度还需要加以改善。

（1）吸收合伙制优点，配合相应政策来弥补公司制的缺陷

一是要改变风险投资公司的所有者结构，使对收益关注程度高的民间

资本能够控股,并吸收国外风险投资家进入经营管理层;二是要借鉴合伙制经验,采用变通办法强化风险投资公司的约束激励机制。例如可以对风险投资公司采用特殊税收政策,减轻资产增值税负。再如通过给予一定数量的公司股份期权或允许利润分成来激励经营者,使其收益与公司经营成败紧密结合。

(2) 发展和完善风险投资的信托制度

由于在风险投资活动中信托基金制度明显优于公司制度,应努力发展和完善风险投资的信托制度。为此,一是要试办少量风险投资信托,建立起基金发起人、经理人和托管人三者分立的制度,强化对基金管理人和托管人资格与市场行为的监管。二是要给予风险信托基金以明确的法律定位,并采取特殊的扶植政策,借以强化对基金管理人的激励机制。三是要通过强化基金托管人作用、规范和完善信托合同等来约束受托人行为,保障投资者利益。

在时机成熟以后,采用有限合伙人制运作风险投资基金。

2. 健全风险企业的运作机制

目前风险投资机构支持创新型中小企业发展的方式大多为信贷和担保。这种运作方式使得风险投资机构无法有效地控制风险,也无法与创业者建立起有效制衡的利益互动机制。根据风险投资的运作特点,今后应将过去的债权运作方式改为股权运作方式,风险投资者应对风险企业持股并可以程度不同地参与企业的决策和企业组织管理结构的改造。为了保护投资者利益,政府应在政策上支持风险投资基金获得企业的优先股并享受附加的优惠条件,如企业一旦失败,基金有权优先获得该企业的资产和技术;允许基金拥有与投资额不成比例的表决权或重大问题的否决权等等。同时,应允许和鼓励风险企业建立新型产权制度(如企业股票期权制度),解决目前存在的智力劳动收益过低的问题,强化风险企业的激励机制,并在税收制度上作出有利于这种激励机制的安排。

3. 建立有效的风险资本退出机制

完善的退出机制是发展风险投资业的前提。风险投资的最终目的是从所投资的高科技项目中获得超额利润，然后及时将其转让出去，用收回的资金再投入到新的项目上，实现利润的滚动增长。因此，退出是风险投资关键的一环。**解决我国退出渠道不畅这一问题的当务之急，就是建立创业板市场。**虽说创业板市场不是风险资本的唯一退出渠道，但它却是最有吸引力的退出渠道，它的建立将有利于增强投资者的信心。2009年中国创业板市场已经正式启动。但应当看到，我国创业板市场依然需要借鉴我国香港特别行政区以及欧洲创业板的经验教训，努力完善各项规则制度。同时，要认识到创业板只是创业企业股票市场的重要组成部分，而不是全部，不能忽视其他形式市场的建设，而应继续推进整个创业企业股票市场体系的健全完善。

积极探索发展场外交易市场是风险投资退出的又一条可行渠道。场外交易市场是多层次资本市场体系的基础板块，又被称为柜台市场，可以有效地拓宽风险投资进入与退出的渠道。在场外的交易市场挂牌的非上市公司中，有相当一部分是中小的高新技术企业，或者具有高成长潜力的企业，它们的经营状况、财务状况、未来的前景等，在挂牌之前就已经通过产权交易机构的初步审核，并要求其按既定的规则进行系统的信息披露。选择其中某些前景看好的企业进行股权投资，可以大大地节省创投机构搜寻项目和尽职调查等方面的成本。同时，由于通过IPO方式退出的难度更大，通过场外的交易市场转让股权，就是可供选择的退出的路径之一。

当前，大力发展场外的交易，要改造现有的代办转让系统，加快场外市场的建设，构建以三板为基础的、统一的、全国性的场外市场，尽快制定代办股份转让系统扩大试点的具体方案，并付诸实施。研究制定非上市公众公司的管理办法，探索建立集中统一的监管机制，明确代办股份转让系统股份管理的体制框架，研究设定建设总体的方案，统筹研究多层次的市场间的转板制度。

此外，**发展兼并收购市场也是风险投资的重要退出途径。**国外经验证明，企业购并始终是风险资本退出的一条重要渠道，在我国目前条件下，可以借助主板市场的上市公司在资金募集方面的优势，鼓励上市公司收购兼并已处在扩展期的创业企业，使风险投资尽早以高收益的结果成功退

点石成金——企业风险投资的运作

出。这样才能使风险投资形成良性循环，也才能吸引更多的投资者参与风险投资，使更多、规模更大的风险投资投向高新技术产业，促进科技成果的转化。

第四章

风险企业的融资需求

资本运营的根本目的就是追求利润的最大化。作为风险资本不是什么企业都敢投入，也不是不讲条件就能得到的。而作为创业企业，不是多少资金都能拿，什么方式的融资都敢要的。风险企业必须根据不同发展阶段融资的实际需求，对各种融资方式进行比较，从而确定本企业是否需要、需要多少、以何种方式引入风险资本，以促进企业的快速发展。

风险企业是指寻求并接受风险资本的企业。它们通常处于未成熟期，需要资金谋求发展；可能具有良好的发展前景，并有望发展成为经济生活中很有分量的一员。当风险企业发展到占据一定的市场份额，有稳定、足够的收入来源，经营管理已经制度化的时候，表明企业已经成熟。这时，风险投资公司将通过上市、并购或回购等方式撤出风险资本。

点石成金——企业风险投资的运作

一、什么样的企业需要风险投资

一般由个人投资的公司都有可能需要风险投资；还有一些虽然是由大机构投资的公司，但该项投资是属于试探性的，在这种情况下，同样可能需要风险投资。下面对人们经常提及的三类企业进行风险投资的需求和作用进行分析。

1. 高科技企业对风险投资的需求

我们经常会听到这样的说法，"风险投资主要投资于高科技企业"，也有直接将风险投资称为高科技风险投资的。高科技企业通常具有两大特点，一是具有创新性，二是属于中小型企业。如果一项创新已经进入成熟期，可以进行大规模推广，就不再属于创新了，人人都已经了解它了，使用它的企业一开始就可以进入规模经营，企业也不应属于高科技企业了。

高科技企业可以分成两大类，一类是以生产高技术为主的企业，这类企业所出产的产品就是创新成果，如教育机构附属的研究所、大企业下属的研究部门、独立的实验室等等；**另一类是以应用创新成果为主的企业**，他们将创新成果实际应用于生产或管理方面，以商品或服务为载体广泛传播创新成果，连续不断地创造出更能提高人们生活品质的商品和服务。这两类企业有着紧密的关系，彼此相应依存，密不可分。

20世纪90年代初，在欧洲出现了一个独立的以研究发酵菌为主的生物实验室，它每年都取得许多研究成果，为世界各地90%以上的发酵工厂供应优质高效的酵素，它拥有全世界最优秀的生物学家，但它至今还在依靠非赢利性资金和政府的资助存活，没有一家风险投资公司对它曾经有过兴趣。像这个实验室一样，大部分以研究开发创新成果为主的企业或机构在取得风险投资方面有很大困难。

第一，这类企业或机构中的人员主要是以技术和研究作为特长的人，很少有具备经营策略的人才，即使有也是很少数，并且在机构中无法长期存留下去，因为这类企业或机构中衡量每个人成绩的标准是成果，而不是金钱。

第二，研究人员往往追求的是学术领先，他们可能会为实现某一小小的改进而耗费掉大量的研究资金。

第三，在进行创新研究过程中，为使所研究的问题更清晰明确，会将现实生活的某些制约因素忽略不计，而这些制约因素的的确确存在着。

在现实生活中，研究开发型的高科技企业也是很难获得风险投资的，虽然目前确实有一些风险投资公司向这类企业投资，但从投资金额、投资者投资的资金占其总资金的比例、投资公司的数量、所投资的行业和成功比例来看，都远远低于风险投资行业的平均水平。据美国权威机构的统计，投资于研究开发阶段的风险投资仅占1/3，而且成功率不足30%。我们对几个从业20年以上的风险投资公司和专家进行调查的结果显示，他们投资于研究开发阶段的资金都不足其所掌控的资金额的5%，他们明确表示对这部分资金无意收回，只希望能取得他们所重视的行业的最新动向；同时，他们也告诉我们，只有刚刚涉足风险投资的新公司，才会将大量的资金投入到研究开发中，成熟的风险投资对此举相当谨慎。我们查阅了大量有关风险投资的最新报道，发现投资于研究开发的风险投资主要集中于信息工程方面，少量投资于生物工程，其他行业极少见到。因此，我们认为以研究开发为目的的高科技企业，与其盼望风险投资，不如求助于企业捐助、政府财政拨款或非赢利性基金的支持，那样更现实。

使用创新成果进行商品和服务生产的高科技企业，是创新传播的主角，多数这类企业是按照商业规则——利润最大化的原则运行的。为追求利润最大化，企业生产、管理、销售和自我保护体系必须完善，从而使创新成果能连续地持久地传递下去。这类企业是风险投资的重要投资对象，因为彼此之间的目标基本一致。企业利润最大是股东财富最大的必要条件，风险投资追求的正是股东财富最大。**目前科技成果转化问题，一直是各国政府关注的焦点，利用创新成果进行商品和服务生产的企业正是解决这一问题的关键环节。**由于这类企业与投资者的利益趋同，因此大力发展这类企业是有充足的物质条件的。

随着科技成果的顺利转化，企业与政府的收入都会增加，研究开发所

需要的资金也相对容易获得。风险投资对科技成果转化的贡献是有目共睹的，在此不再讲了，那么，怎样区分一般商业企业与使用创新成果的高科技企业呢？对于一个企业而言，区分与否并不重要，但对于一个地区或国家的产业政策来说，区分的方法十分重要，会直接影响着产业政策的制订。我们认为一个企业是否属于高科技企业，除了根据企业所取得的创新成果外，最重要的是观察企业的边际效益递增还是递减，作为高科技企业其边际效益应该始终保持在递增状态，一旦边际效益递减了，企业就成为一般商业企业了。一个企业可能在某一时期属于高科技企业，而在另一时期会沦为一般商业企业。

2. 高成长企业对风险投资的需求

高成长企业是指企业销售额和利润额每年增长高于100%，并且可以连续3年以上保持这种高速增长的企业。高成长企业包括高科技企业中的一部分，对于发展中国家来说，高成长企业有时并不是高科技企业。这是由于在发展中国家，需求与供给之间的矛盾造成的，如在我国改革开放初期，一些轻工产品的生产企业并不是高科技企业，但由于当时人民长期生活在消费品严重短缺的环境中，一旦释放人民的需求，产品生产企业的销售额和利润额会成倍增长。在发展中国家，研究高成长企业的目的是为了加速经济发展，缩短与发达国家人民生活的差距。在发达国家，高成长企业有时也并不完全属于高科技企业，如麦当劳，一般都不认为它是高科技企业，但它的确具有高成长的特征。风险投资与高成长企业的目标是一致的——使股东财富最大化，因此，高成长企业很容易获得风险投资的资金支持。**高成长企业要保持其高成长与新技术的引进密不可分，特别是发展中国家，高成长企业的成长期会很快被竞争者的加入缩短**，企业只有通过技术进步才能保持竞争中的优势地位，这点在我们的国企改革中已充分体现。

3. 中小型企业对风险投资的需求

风险投资对中小型企业的划分标准是企业的发展阶段。这种划分对投资者、企业家和其他在投资行业工作的人员来说，更具操作性。具体划分如下。一是开创阶段。开创阶段仅指光有设想还没有样品的阶段,相当于创新研究开发阶段。这是争取投资的最艰难的阶段,因为,很少会有人相信新的设想,实际上真正具有赚钱潜力的新设想确实不多,即使是真的可以赚钱的设想,在这一阶段,也很难向风险投资家进行解释。

二是发展阶段。企业家一旦有了产品样品、经济研究、市场分析以及其他资料,证明新设想可以变成现实的话,那么企业家就处于获得风险投资机构资金支持的有利位置了。另外,企业家还要努力展现其销售能力,让人们相信制作出样品的设想一旦实施,可以在市场上大量销售,获取利润。

三是扩展阶段。在这一阶段,公司已制造出产品或服务,并在市场上小获成功,公司需要增加投资以扩大现有的业务。

四是高速成长阶段。当公司运作正常、开始赢利,但急需追加投资以增强自身的实力时,与风险投资机构的谈判可以完全由企业家控制,因为风险投资机构不与企业家成交,他们就无法从企业家那里赚到钱。**处于这一阶段的公司已越过现金流量平衡点,并且开始赚钱了,公司快速成长需要资金支持,硕大的利润正等着收获。**

以上的划分方法来自于美国风险投资家 David Gladstone 所著 *Venture Capital Handbook* 一书中对企业发展阶段的划分方法。该方法基本上包括了风险投资对企业发展阶段的划分方法的全部内容,有些划分方法比该方法更详细,但范围没有任何突破。风险投资将处于这四个发展阶段的企业都归为中小型企业来考察,是因为有个别企业在这四个阶段中的某个阶段,资本金已经相当高了,有时会远远超过 1 亿美元,但从整个企业的状况来看,它仍处于发育的过程中,经营过程中还有许多未解决的问题,如管理队伍的健全、销售系统的建立等等,正如一个 15 岁身高 2 米的巨人,我们不能根据其身高称其为成年人一样,企业还需要一段时间的发展才能成熟。

中小企业在走向成熟的过程中,会遇到各种各样的困难,如:资金短缺、管理不健全、购销渠道不畅通、技术相对落后、无法收集到重要信息等等,企业的发展过程就是解决这些问题的过程。除资金短缺外,企业发展所存在的其他问题都是相对隐性的问题,这些隐性问题平时集中表现在资金短缺方面，当资金量充足时，隐性问题开始逐一显现。**如何确定一个企业是否成熟是一个很复杂的问题，各国经济学者都在不断研究这方面的判别方法。**目前通常的判别方法是根据企业管理的稳定和收入与利润稳定这两方面来判定的。管理稳定是指管理队伍中不会因某一个人的离去而使整个管理体系失控，管理各个层次的信息交换不会因一个人或一个环节的缺陷而影响其通畅；收入与利润稳定表明，目前市场销售尚未出现问题，短时间内出现波动的机会不大。

二、风险企业融资需求的预测方法

风险企业的融资需求一般来源于以下几个方面：在种子期，企业家需要筹集资金来使企业构思商品化；在创业期，企业家需要筹集资金设立企业和进行试生产；而到了扩张期，则需要资金来扩张产销能力，并进一步加强研究开发，这时的自我积累远远不够；至于风险企业成熟期融资，则主要是为了通过引入较具影响力的股东和美化财务报表，为公开上市作准备。

上述融资需求在量上的测算依据各不相同。种子期资金需求主要涵盖的是研究开发费用，预测起来比较简单，而创业期融资需求涵盖的主要是设备采购、厂房建设、人员招聘等开办费用，需求预测一般以创业项目可行性研究报告或同类已建成项目实际支出为依据，而成熟期融资需求更多地是取决于上市要求，目标值确定，不存在预测的问题。因为我们着重来分析扩张期融资需求的预测问题。扩张期融资预测的方法主要包括：直接预测法、比率预测法、资金性态预测法三种。下面我们逐一作出介绍。

1. 融资需求的比率预测法

比率预测法是利用资金与销售之间的关系如存货周转率、应收账款周转率、资金毛利率等财务比率来对资金需求作出预测。运用比率预测法的一般步骤如下：

● 将资产负债表中预计随销售变动而变动的项目分离出来，计算相关财务比率。

● 确定单位销售增加引起的资金需求的增加量，再根据目标销售额确定需要增加的总的资金量。

● 根据内部资金情况确定对外部资金的需求量。

下面举列来说明：

某风险企业2012年实现销售收入100 000元，净利润20 000元，按10%提取盈余公积金，5%提取公益金，余下利润的80%分配给股东。该企业仍有剩余生产能力可以利用，即不需增加固定资产投资只需增加流动资金（从财务上讲，以风险资本来补充流动资金，是"长线短用"，在财务上不是十分的合理，但这是另外一个问题，不在本书讨论范围之内）便可增加销售。该企业2013年目标销售额为120 000元，2012年12月31日的资产负债表如表4-1，问需要增加多少营运资金？

表4-1　　　　　　　　　　　资产负债表

资产		负债及所有者权益	
现金	5000	短期借款	25000
应收账款	15000	应付账款	10000
存货	30000	应付工资	5000
固定资产净值	30000	应付长期债券	10000
		实收资本	20000
		盈余公积	10000
资产合计	80000	负债及所有者权益合计	80000

第一步先将资产负债表中预计随销售变动的项目找出来，并计算出相关比率。根据已知数据可以得出"应收账款/销售收入"为15%，"存货/销售收入"为30%，其他变动项目与销售收入的关系依此类推（见表4-2）。

第二步确定单位销售增加引起的资金需求的增加量。根据表4-2计算的数据，销售收入每增加100元，引起的营运资金需求的增加量为35元

〔(流动资产变动项目-流动负债变动项目)×100 = (50% - 15%) × 100〕。由于目标销售额为 120 000 元,同比增加 20 000 元,因此新增资金需求为 (20 000/100) × 35 = 7000 元。

第三步根据内部资金情况确定对外部资金的需求。由于本年度实现利润 20 000 元,扣除公积金 2 000 元、公益金 1 000 元和利润分配 13 600 元外,未分利润 3 400 元可以用来弥补新增资金需求,因此应从外部融资额为 3 600 元。

表 4-2　　　　　　　　随销售变动的项目表

资产	变动项目/销售收入	负债及所有者权益	变动项目/销售收入
现金	5%	短期借款	不变动
应收账款	15%	应付账款	10%
存货	30%	应付工资	5%
固定资产净值	不变动	应付长期债券	不变动
		实收资本	不变动
		盈余公积	不变动
合计	50%	合计	15%

2. 融资需求的资金性态预测法

资金性态和成本性态一样,是根据资金和产销量之间的依存关系,将资金划分为不变资金、变动资金和半变动资金。不变资金是指在一定产销量范围内相对保持固定的资金,包括固定资产占用的资金等。变动资金则是随产销量变动而变动的资金,包括存货占用资金、现金、应收账款等。半变动资金则介于两者之间,虽然随产销量变动,但不同比例变动。

运用资金性态预测法预测资金需求主要有两种做法:一是根据资金占用总额同产销量的关系来预测,二是先分项预测,然后再汇总预测。第一种预测方法是根据风险企业过去资金占用总额与产销量的关系,把资金划分为不变和变动两块,然后结合目标销售量来预测资金需要量。举例说明如下:

第四章 风险企业的融资需求

某风险企业历史上产销量和资金变化情况所示，该企业 2011 年目标销售量为 170 万件，为实现这一目标，问新增资金需求为多少。

设产销量（X）为自变量，资金占用（Y）为因变量，二者线性估计式为 $Y = A + B \cdot X$，其中 A 为不变资金，B 为单位产销量所需变动资金。根据最小二乘法，设定方程参数估计如下：

$\sum Y_i = nA + b \sum X_i$

$\sum X_i Y_i = a \sum X_i + b \sum X_i^2$

通过联立方程解出：参数 $a = 40$，$b = 0.5$，代入 $Y = A + B \cdot X$ 得出资金占用与产销量之间的线性估计方程为 $Y = 40 + 0.5X$，又知 2011 年目标销售量为 170 万件，则 2011 年需要的资金量为 125 万元，新增资金需求 15 万元。

第二种预测方法是先分项目预测单个项目占用资金随销售增加变化情况，而后将单个项目不变资金和变动资金系数分别汇总得出总的不变资金和变动资金系数，从而对总的资金需求作出预测。例如，仍用上例的数据，假定 Y_i 为应收账款随销售变动占用资金的变动情况，则线性估计得出的方程 $Y = 40 + 0.5X$ 表示的是应收账款的不变资金占用为 40 万元，而销量每增加 1 件引起应收账款变动资金占用为 0.5 万元（变动资金系数）。同理可以根据历史数据对现金、存货等项占用不变资金和变动资金系数作出估计，如表 4-3。

根据表 4-3 的数据，我们得出总的资金占用与销售量的关系式为 $Y = 150 + 0.62X$，假定 1999 年的目标销量为 300 万件，则所需资金总量为 336 万元。

比率预测法和资金性态预测法适用于处于扩张期的风险投资企业对资金需求的预测。除此之外，还有一种不太精确的预测方法，那就是直接预测法。所谓直接预测法是指利用直观的材料，在个人主观判断基础上，借鉴相似企业相似决策结果，引进财务、项目或生产专家意见对未来资金需求所作的预测。直接预测通常适用于风险企业种子期或创业期的资金预测，因为这时风险企业没有历史资料可以使用作为决策依据。

表4-3

	年度不变资金（A）	变动资金系数（B）
流动资产		
现金	5	0.02
应收账款	40	0.5
存货	40	0.4
小计	85	0.92
减：流动负债		
应付账款	35	0.30
净资金占用	50	0.62
固定资产		
厂房、设备	100	0
所需资金合计	150	0.62

三、融资评价的原则与融资方式的选择

1. 风险企业融资评价的原则

和其他任何企业一样，风险企业融资也必须遵循一定的评价原则。主要包括以下几条。

（1）按"需"定"筹"原则

即要根据企业资本性支出与营运的需要来筹措资金，又不能盲目进行。因为任何资金都有资金成本，并不是资金越多就越好。

（2）量力而行原则

即在筹集资金时还要充分考虑资金成本与企业的清偿能力。尤其是债务融资，负债过多，财务费用相应提高，企业利润和现金流量如果跟不上债务清偿的需要，就有面临破产的危险。

(3) 筹资成本要低原则

筹资成本一般包括筹资费用和资金到位后的利息、股息支出。不同的融资方式具有不同的资金成本，因此需要企业家在融资决策中予以权衡，尽可能选择成本最低的方式，使企业资本结构最优。

(4) 保留企业控制权原则

一般来说股权融资会导致企业控制权的稀释，债权融资也有一系列附带条件。保留控制权的需要将对融资规模和融资方式决策产生重要影响。当然这一条并不绝对。在有意让渡控制权的情况下就不适用。

2. 风险企业融资方式的选择

对创业企业家来说，明确了上述评价原则，接下来的任务是要判断在确定的资金需求下，是不是一定要引入风险资本。这就是需要对不同的融资方式和融资渠道进行比较。尽管风险企业获得商业信贷和其他债权融资的渠道较窄，但除了商业信贷以外，风险企业还有以下三条途径来满足其股权融资需求。

(1) 启动资金

有关资料表明早期或扩张期公司所需资金的一半以上都是由公司创建人以先前的薪水和其他个人投资形式提供的。这就是所谓的"汗水股权"。

在很多时候，亲朋好友提供的资金加上企业的营运收益便足以使风险企业渡过最初的启动阶段。此外，如果可能的话，从顾客和战略合作伙伴那儿预收货款或研究开发款项也是另一条成本很低的替代股权融资的有效途径。

(2) 私募

即由投资银行和其他投资代理机构向其授信投资人发行不注册登记的证券来为风险企业筹集股权资本。私募通常给现有股东造成权益稀释的程度比风险投资要小，但私募的费用一般比引入风险资本的费用要高，而且安排私募的时间长短和时间进度不太容易把握。此外，私人投资者一般不能提供商务方面的咨询顾问服务或提供得很少，私人投资者对被投资企业

出现亏损或业绩表现欠佳一般也不能容忍。

（3）首次公募

能够上市进行公募的公司仍然是少数。对风险企业而言，上市公募最大的好处是公开市场一般会对风险企业有较高的估值，能够向企业提供足够的资本并且具有流动性高的特点。但缺点是交易费用高，包括上市法律费用和信息披露费用。与公募相比，**风险企业通常会倾向于选择由风险投资基金提供长期战略性资本以避开公开市场严格的信息披露要求和对企业短期经营业绩的关注。**

与上述三种面向风险企业的股资融资方式相比，引入风险资本的主要好处有三个：第一，能够提供充足的资本并满足多轮资金需求；第二，不要求控投，控制权的稀释有一定限度；第三，风险投资人一般能提供增值服务，有利于提高企业竞争力。缺点是投资有一定期限并需要风险企业提供退出保证，在投资期内对风险企业财务结构和治理结构安排都有一定要求，同时需要企业家签署肯定盟约和否定盟约等，对企业家的约束较大。此外，获得风险融资的难度也很大。总之，创业企业家需要结合本企业的实际情况，将各种融资方式进行比较从而确定本企业是否需要引入风险资本。

第五章

风险企业如何获得风险投资

　　风险企业获得风险投资的基本条件，一是企业具备让风险投资者信任的资格，二是企业需要了解具体操作的融资程序，依照相应的准备步骤有序地进行。如果说前者是融资的先决要素，那么后者则是合作的规范要求。现在的风险投资实践表明，成功融资的企业不仅其创意和项目产品具有吸引力，而且准备工作周密而到位，严谨而规范，由此使双方在融洽的沟通中实现融资合作。

点石成金——企业风险投资的运作

一、争取风险投资的必要准备

风险投资成功注入企业,是投资方与融资企业双方在相互了解中合作的结果。风险企业要获得风险投资,做好相关的准备工作是必要的前提条件。准备工作到位,就能促成融资成功。准备工作疏漏,企业获得风险资金的支持就可能只是空想。

1. 努力创造获取风险投资的必要条件

通常,企业获得风险投资成功的条件主要有以下几个方面。

一是拥有较高素质的风险企业家,他必须有献身精神、有决策能力、有信心、有勇气,思路清晰、待人诚恳,有出色的领导水平,并能激励下属为同一目标而努力工作。

二是有既有远见又符合实际的企业经营计划。这个计划要阐明创办企业的价值,明确企业的发展目标和发展趋势,明确企业的市场和顾客,明确企业的优势和劣势,同时指明创办或发展企业所缺少的资金。

三是有市场需求或有潜在市场需求的新技术、新产品。有需求,就会有顾客;有顾客,就会有市场;有市场,就有了企业生存发展的空间。

四是有经营管理的经验和能力,有技术和营销人员配备均衡的管理队伍,有能高效运转的组织机构。

五是有资金支持。任何没有资金支持的企业都只能是空想。

风险投资者特别偏爱那些在高技术领域具有领先优势的公司,比如软件、药品、通信技术领域。如果风险企业家能有一项受保护的先进技术或产品,那么他的企业就会引起风险投资公司更大的兴趣。这是因为高技术行业本身就有很高的利润,而领先的或受保护的高技术产品/服务更可以使风险企业很容易地进入市场,并在激烈的市场竞争中立于不败之地。因此,这些企业常常可以筹集到足够的资金渡过难关。

一般的风险投资公司都有一定的投资区域。这里的区域有两个含义:一是指技术区域,风险投资公司通常只对自己所熟悉行业的企业或自己了解的技术领域的企业进行投资。二是指地理区域。这主要是为了便于沟通和控制。一般地，投资人自己并不参与所投资企业的实际管理工作，他们更像一个指导者，不断地为企业提供指导和经营建议。

大多数风险投资者更偏爱小公司，这首先是因为小公司技术创新效率高，有更多的活力，更能适应市场的变化。其次，小公司的规模小，需要的资金量也小，风险投资公司所冒风险也就有限。从另一个方面讲，小公司的规模小，其发展的余地也更大，因而同样的投资额可以获得更多的收益。此外，通过创建一个公司，可以帮助某些风险投资家实现他们的理想。

现在的风险投资行业越来越不愿意去和一个缺乏经验的风险企业家合作，尽管他的想法或产品非常有吸引力。在一般的投资项目中，投资者都会要求风险企业家有从事该行业工作的经历。如果一个风险企业家声称他有一个极好的想法，但他又几乎没有在这一行业中的工作经历时，投资者就会怀疑这一建议的可行性。

2. 着手选择风险投资公司

寻求风险投资的企业应预先了解风险投资市场的行情。风险企业可以去查阅像《风险投资公司大全》这样的参考文献——在这些文献中常会有一些关于这些风险投资公司偏好方面的信息，也可以查阅一下本行业中那些即将上市企业的投资者名录，或直接访问行业中其他公司的管理者。此后，风险企业可根据本企业的特点和资金需要量筛选出若干可能的投资公司。在筛选时，风险企业所要考虑的因素包括：企业所需投资的规模；企业的地理位置；企业所处的发展阶段和发展状况；企业的销售额及盈利状况；企业的经营范围等。通常，在此过程中，律师和会计师要起很大的作用。

在筹集风险资金的过程中，有时风险企业家需要找到一个主要投资者，这个主要投资者将会和企业家一起推动、评价、构建这笔交易。此外，这个主要投资者还会把周围的投资者组织起来形成一个投资者集团。**风险企业家应从最有实力的投资者中选择他的主要投资者。**

3. 准备好必要的文件

在访问风险投资家之前，风险企业家应准备好所有的必要文件，投资家们会通过这些文件的准备情况以及风险企业家的应对情况来评价这一投资项目。这些文件包括：

• 业务简介：一份关于风险企业的管理者、利润情况、战略定位以及退出的简要文件；

• 经营计划：关于公司情况的详细文件，包括经营战略、营销计划、竞争对手分析、财务文件等；

• 综合调查与分析或审慎的调查分析：关于公司、管理队伍以及行业的背景分析和财务可靠性分析；

• 营销资料：一切直接或间接与公司的产品（服务）有关的文件。

在所有这些文件中，最重要的是风险企业的公司简介和经营计划书。 特别是经营计划书，该计划除了要简明扼要、表达准确、突出财务状况并附有数据外，还应表现出管理者的能力和远见。经营计划的篇幅一般应在30～40页，应该由熟悉公司业务和投资业务的律师或会计师草拟，其主要内容包括：公司背景；所需金额及用途；公司组织机构；市场情况；产品情况；生产状况；财务状况等等。

（1）准备好公司简介

任何一家投资公司都不会选择那些不具备成功条件的企业进行投资。

美国新建公司在和风险投资公司进行初步接触时，按照通常惯例，需向风险投资公司发送自己公司的简介（SUMMARY）。这份简介是为了申请风险投资，而不是对外进行公司形象宣传，因此，应该简明扼要地介绍公司的基本情况以及申请风险投资的数额。

在公司简介中，可包括如下几个部分：

• 公司地址、电话、传真、电子函件地址、联络人等。

• 公司介绍。其中包括企业市场定位、技术实力、产品特点、经营状况等。

• 主要管理人员：公司主管简况、企业管理经历等。

第五章 风险企业如何获得风险投资

- 申请投资数额以及股权分配等。内容包括：是以股权换取投资还是以借贷形式申请，以及股权出让具体比例、借贷偿还时间等。
- 投资使用范围。其中包括：A. 公司历年财务情况报表，内容有：收入、利润、固定资产、负债等；B. 公司未来财务预测报表，内容有：未来收入、利润、固定资产、负债等。
- 投资回报预测，即出场方式（EXIT）。其中包括公开上市时间、资金回报等。

对于风险投资公司来说，他们最为关心的问题并非是在你的企业中占有多少股份，而是何时能以最大价格出让你的公司股份，以获取最高利润。因此，风险投资公司关注的是企业能否在2~3年里收支平衡，或者出售给大型公司，以便将风险投资套现，获得利润。因此，作为风险投资公司来说，他们随时都在准备将自己在企业中所占的股份出售给第三方，甚至出售给企业家本人，只要价钱合算，有利可图，越早转让越好，只有在交易里，才能生财，唯有在买卖中，方能获利。因此，**企业家在公司简介中，必须让风险投资家能够一目了然地看到企业出场的明确方式以及获利的光辉前景**。如果风险投资机构无法在公司简介中了解到这一点，则他们就不会和你再次见面，浪费时间。

根据美国一些风险投资家的介绍，他们在企业简介中，最为看重的内容有如下四点：

①该企业管理队伍情况如何？能否妥善使用风险投资？能否将企业技术迅速转化成先进产品，并在市场竞争中获得很大进展？能否在两年里将企业扭亏为盈，并尽快上市？企业主管是否有丰富的成功运作经验？个中道理其实很简单，任何投资都需要掌握在有经验的人士手中。风险投资公司不想交学费，也不愿浪费时间。

②如何获得利润？企业将会以何种技术、产品或市场手段，尽快获取高额利润？

③有无得天独厚之处？企业是否拥有市场中独一无二的先进技术或产品？有无创新？是否能在业界引起轰动？

④企业出场方式为何？有无可能尽快公开上市？或是为某一大型公司所兼并？企业家过去和大型公司的关系如何？跨国公司有无战略投资

意向?

(2) 拟定好企业经营计划

对初创的风险企业来说,经营计划尤为重要。一个酝酿中的项目,往往很模糊,应首先制定经营计划,把正反理由都书写下来,然后再逐条推敲。**经营计划首先是把计划中要创立的企业推销给了风险企业家自己。**

经营计划还能帮助把计划中的风险企业推销给风险投资家,公司制定经营计划的主要目的之一就是为了筹集资金。因此,经营计划必须要说明:

第一,创办企业的目的:为什么要冒风险,花精力、时间、资源、资金去创办风险企业?

第二,创办企业所需的资金:为什么要这么多的钱?为什么投资人值得为此注入资金?

对已建的风险企业来说,经营计划可以为企业的发展定下比较具体的方向和目标,从而使员工了解企业的经营目标,并激励他们为共同的目标而努力。更重要的是,它可以使企业的投资者以及供应商、销售商等了解企业的经营状况和经营目标,说服投资者(原有的或新来的)为企业的进一步发展提供资金。

当风险投资公司看过企业简介,产生一定兴趣之后,就会和新建公司企业家进行正式的会晤。在这种情况下,**企业家应该向风险投资公司提交一份比较正式的企业计划书。**在这一企业计划书中,应包括如下几个部分。

①企业本身及未来前景。该部分将对企业本身的情况以及行业基本特点进行详细叙述,以供风险投资公司决策使用。这一部分可包括如下内容:

- 行业介绍:基本形势、竞争状况等;
- 企业概况:历史、现状、技术、产品、市场、份额、营销手段、独特之处等;
- 市场发展趋势:客户需求、国内外市场拓展等;
- 企业未来前景:产品销售预测、收入估计、利润比例等;

- 生产条件：公司结构、生产设备、固定资产等；
- 技术队伍：研究开发力量、知识产权等；
- 供应商情况。

②管理队伍（MANAGEMENT）。这一部分主要展示企业管理阶层的实力。其中包括：

A. 公司主要负责人士情况：年龄、职务、薪水、职业经历等；

B. 中层管理人员以及技术人员基本情况；

C. 公司主要股权持有人情况：股份数额、股份拥有比例、原先投资数额等；

D. 其他有关人士情况：公司顾问、律师、财务顾问、往来银行等。

③投资情况。应着重叙述有关风险的使用计划等内容。

a. 风险投资使用建议：这是整个投资申请计划中的关键内容。企业家应该明确提出所申请的风险投资数额，以何种方式进行回报，采用普通股方式抑或优先股方式？股权是否重新进行分配？若采取贷款方式，贷款条件、贷款利率、偿还年限如何？能否转换为普通股或优先股？如果采取优先股方式，红利情况如何？何时偿还股金？能否转为普通股？转换价格如何计算？有何限制？能否拥有董事会席位？等等。若采用普通股形式，风险投资公司投资数目多少？占有多少股份？在董事会中可占有多少席位？风险投资公司能否拥有公开上市决定权？企业有关风险投资条件是否可以进行协商？

对于这一部分内容，企业家也好，风险投资家也好，均会非常关注，而且事关未来公司资产分配以及管理权力等实质性内容，因此，**在撰写过程中，必须认真推敲，不可草率从事。**

b. 资本结构：其中包括公司原有借款数额、计划中的风险投资数额、普通股数额、优先股数额等。

c. 财务报告制度：是否向风险投资公司提供每月财务经营状况报表以及年度财务报表等。

d. 风险投资资金使用计划：详细列出资金用途以及数额等。

e. 风险投资公司未来在企业中的地位：能否获得董事会席位？多少

席位？

是否需要风险投资公司推荐管理阶层主管人士？是否需要风险投资公司提供财务咨询、发行企业债券等？如果需要的话，是否同意向风险投资公司支付手续费用，例如2%债券发行费等。

④企业出场方式（EXIT）。企业出场方式是指企业向风险投资公司所提供的投资回报途径以及其他有关措施。作为投资方，风险投资公司最为关心这一问题。通常美国高科技公司可有以下三种出场方式，但企业家应明确提出最佳出场方式。

a. 公开上市：企业可通过公开上市出让股份方式，向社会投资者募集资金。与此同时，风险投资公司所拥有的企业股份亦可通过这一途径部分或全部套现，进而获得投资回报。

b. 出售企业：企业家可向大型公司出售自己所拥有的企业。在计划书中，企业家应该列出未来有可能购买这家企业的公司名称以及潜在的购买原因等。

c. 买回股份：**在一定情况下，企业家也可提出未来买回风险投资公司所占股份的计划。**

在这一部分中，企业家可提出投资回报预测，以供风险投资公司进行投资决策参考。此外，如有产品介绍、与企业有关的报刊文章、图片录像等，也应一并附上。

以上为高科技公司在申请风险投资过程中，所提交企业计划的主要内容。当然，每家公司都有自己的特点，对于风险投资公司来说，他们需要了解的是有关企业的主要内容，因此，关键在于提供最为重要的核心项目，要突出重点，旗帜鲜明，不要甲乙丙丁，开中药铺，使人不得要领，当然，也要实事求是，不要弄虚作假。

在经营计划写完之后，风险企业家最好再对计划书检查一下，看一下该计划书是否能准确回答投资者的疑问，争取投资者对本企业的信心。通常，可以从以下几个方面对计划书加以检查。

①经营计划书是否显示出你具有管理公司的经验。如果你自己缺乏能力去管理公司，那么一定要明确地说明你已经雇了一位经营大师来管理你的公司。

②你的经营计划书是否显示了你有能力偿还借款。要保证给预期的投资者提供一份完整的比率分析。

③你的经营计划书是否显示出你已进行过完整的市场分析。要让投资者坚信你在计划书中阐明的产品需求量是确实的。

④你的经营计划书是否容易被投资者所领会。经营计划书应该备有索引和目录,以便投资者可以较容易地查阅各个章节。此外,还应保证目录中的信息流是有逻辑的和现实的。

⑤你的经营计划书中是否有计划摘要并放在了最前面。计划摘要相当于公司经营计划书的封面,投资者首先会看它。为了保持投资者的兴趣,计划摘要写得引人入胜。

⑥你的经营计划书是否在文法上全部正确。如果你不能保证,那么最好请人帮你检查一下。计划书的拼写错误和排印错误能很快使企业家的机会丧失。

⑦你的经营计划书能否打消投资者对产品/服务的疑虑。如果需要,你可以准备一件产品模型。

经营计划书中的各方面都会对筹资的成功与否产生影响。因此,如果你对你的经营计划书缺乏成功的信心,那么最好去查阅一下计划书编写指南或向专门的顾问请教。

二、获得风险投资的具体步骤

1. 与风险投资公司接洽

多数情况下,与风险投资家的接触可以通过电话开始——只是探讨一下你的新想法是否和风险投资公司的业务范围相适合。绝大多数的风险投资家都会拿起听筒,因为他们也不知道下一个好的项目会从哪儿来。然而,由于寻求资金的人很多,风险投资公司也需要一个筛选的过程。如果风险企业家能得到某位令风险投资公司信任的律师、会计师或某位行业内的"权威"的推荐,他获得资助的可能性就会提高许多。

尽管如此，多数的风险投资公司要比人们想象的更容易接近。有些企业家常抱怨自己不能找到风险投资者。试想，如果一个风险企业家甚至找不到方法去和风险投资者进行接触，那么，投资者又怎能期望他会成功地向顾客推销产品呢？因此，在接触过程中，**风险企业家还要有一种坚韧、顽强的精神。**

在和风险投资公司接触的过程中，如果企业家觉得自己的项目很难吸引那些投资者的注意时，他可以反复地问自己这样一些问题：企业的管理队伍是否有能力完成他们的使命？企业的产品是否能赢得一个足够大的令人满意的市场？企业是否可以保证投资者100%获利？如此，即使企业家的经营计划还不是十全十美，企业家也可以毫不犹豫地把它送出去。因为风险投资家常常愿意和那些先驱者们合作，帮助他们实现那些美好的想法。

为了保证筹资成功，有的风险企业家喜欢一次接触的风险投资家越多越好，但结果往往不尽如人意。最可靠的方法是先选定8位到10位可能的风险投资家作为目标，然后再开始跟他们接触。在接触之前，要认真了解一下那些有可能对项目感兴趣的风险投资家们的情况，并准备一份候选表。这样，如果没有人表示出兴趣，企业家不仅可以知道原因，而且还可以找另外的候选投资家去接触。总之，企业家千万不要把项目介绍给太多的风险投资家，**风险投资家们不喜欢那种产品展销会的形式，他们更希望发现那些不被人注意的好商业机会。**

2. 与风险投资公司会谈

在接到风险企业家提供的文件之后，风险投资家常需要有几周的时间作出反应。如果投资者初步审查文件后认为有谈判的价值，他们就会决定与资金申请者进行会谈。整个会谈需要举行几次会议。在多数会议过程中，风险企业家和风险投资家之间将会一直围绕经营计划而进行。**对风险投资家来说，了解风险企业的产品/服务是非常必要的。**因此，在会谈时带上一件产品或原型会对投资者了解产品/服务大有帮助。

在会谈过程中，风险企业家应遵守下列一些原则：

- 企业家要对公司的产品/服务保持主动和热情；

- 企业家要了解自己所出的最低价,并在必要时坚决地离开;
- 企业家要牢记自己和风险投资家之间要建立的是一种长期的合作伙伴关系;
- 企业家要了解这些风险投资家(谈判对手)的个人情况;
- 企业家要了解风险投资公司以前资助的项目,了解它目前投资项目的结构组合;
- 风险企业家要只对自己可以接受的交易进行谈判;
- 不要回避问题;
- 不要答案模糊;
- 不要隐藏重要的问题;
- 不要期望对方立即做出决定,要有耐心;
- 不要把交易的价格订死,要有灵活性;
- 不要带律师参加会议,以免在细节上过多地纠缠。

3. 进行风险投资的价格谈判

价格谈判实际上是会谈内容的一个组成部分,双方在初次会谈成功之后,就要对投资项目的价格进行谈判。当然,谈判首先是在对项目评估的基础上进行的。由于风险企业家和风险投资家对投资前的公司价值的评价会有很大差异,因此,项目的评估过程常要经过双方多次的交锋,每一方都会试图用各种各样的方法去说服别人接受自己的观点。

风险投资家在考虑每个投资项目的交易价格时,必须要考虑补偿其他交易的损失。否则他就会再也筹集不到钱,也就不会再有资金提供给下一位风险企业家。一般地,由于风险初创企业的失败率较高,在风险投资家心目中,仅有一个想法和几个人的公司要比已具备了管理队伍的公司价格低,而仅具备了管理人员的公司又要比已产生销售额和利润的公司价格低。随着企业的成长和企业风险的降低,风险企业在新资金投入者面前的价值也在不断上升。显然,风险企业的阶段越早,其投资前的价值也就越低,这时,风险投资进入的盈利潜力也越大。

在对投资项目的价值进行评估时,风险投资者应着重考虑如下因素。

①风险企业资本增值的潜力。对风险投资家来说,无论投资规模的大

小，最终的资本获利必须要达到投资费用的几倍才行。

②风险企业资本流动的潜力。资本增值本身并不能保证风险投资家能顺利地收回投资，风险投资家决定投资前必须要看好出售股份的途径。因为，风险投资家的最终目的并不是为了拥有公司，而是为了取得投资回报。

③风险企业未来的资本需求。对风险企业未来资本需求的预测，可以帮助投资者估计出自己要在投资期内保持一个主要投资者的地位所需要的资本量，并帮助投资者为自己的投资取得合乎需要的股份（同样的资金在企业发展的不同时期其所占的股份也是不同的）。

④企业家的能力。企业家的能力对企业经营的好坏常起到关键的作用。一位资深的风险投资家这样说过，**一流的设想加二流的人才要比二流的调查加一流的人才风险大得多。**

为了在谈判过程中取得有利地位，风险企业家应该和多家风险投资公司面谈以掌握市场行情。风险企业家在决定是否和投资者达成交易时，除了要考虑对方的出价是否合适以外，还必须要考虑投资者的资金能否帮助企业在将来获得成功以及是否适应本企业未来发展的需求。一旦投资者和企业家双方均对投资条件感到满意，双方就可以终止谈判而进入到下一步程序——签署文件。

4. 签署风险投资合同

投资者和企业家双方签署有关文件标志着风险企业家争取投资过程的结束，同时也标志着双方建立长期合作伙伴关系的开始。在投资合同书中，风险企业家和投资者双方必须明确下面两个基本问题：一是双方的出资数额与股份分配，其中包括对风险企业的技术开发设想和最初研究成果的股份评定；二是创建企业的人员组织和双方各自担任的职务。为了保护风险投资者的权利，合同中通常还要有以下规定：

- 风险企业定期向投资家提供财务报告和其他重要的经营情况的报告；
- 风险投资家应在公司董事会中占有一定的席位；
- 风险投资家有拒绝进一步投资的权利和出售股份的权利；

风险企业如何获得风险投资 第五章

- 风险投资者有参与企业年度业务计划、重大开支和管理人员工资的审批权；
- 风险投资家有要求企业的创始人和首席执行官（CEO）等核心人物进行人身保险的权利；
- 有的风险投资家还会要求企业以已有的资产为抵押。

5. 寻求风险投资的注意事项

风险投资是一种伴随着极高风险的中长期投资，因此，投资者最需要的就是和他们所资助的风险企业家建立一种可依赖的持久的伙伴关系。下面的三条建议，也许会对那些寻求资金的企业家有所启示。

（1）直观地表述思想

尽管在双方会谈之前，风险企业家已经预先递交了一份经营计划，风险企业家在表述时仍应把经营计划的主要内容复述一遍，只有这样才能保证投资公司的合伙人了解你的计划（有些参加会谈的投资合伙人可能还没有读过经营计划书）。此外，风险企业家应尽量以直观的方式表述自己的思想，少用抽象的词句。如果可能，制作一些幻灯片会更好。风险企业家的演讲内容应包括与这一商业机会有关的所有重要因素。他应该很好地准备和组织自己的材料，以便演讲能在45分钟之内结束。这样一方面可以保证内容的简明、清楚，另一方面还可以节省更多的时间来回答投资者的提问。

（2）利用数据阐述观点

那些努力收集数据信息的风险企业家总会取得最大的成功。

所谓的现代管理，实际上就是通过数字来进行的管理。每个企业家都希望市场像水晶球一样透明，以便他们可以了解市场增长有多快、规模有多大。但并不是每个企业家都愿意花心思去收集市场信息和数据，他们总是依赖于第三方对市场的预测和评估。这些企业家不仅不能说服投资者，实际上他们自己也常常受到这些预测的愚弄。

（3）保持现实的态度

风险企业家在做财务模型规划时，应该基于基本的客观现实。在一个

特定的行业中，绝大多数企业都只能获得一般利润。不现实的企业规划只会显示出风险企业家在经营方面缺乏足够的经验。即使该企业产品的纯利润能达到40%，风险企业家也最好解释一下他将如何对付这一高利润行业所吸引来的竞争者。要避免这种不现实的错误，风险企业家应该做好筹资的准备工作，多了解顾客市场，多收集信息和数据，企业家应该了解这一点，即**风险投资公司投资的客体是风险企业而不是产品/服务。**

三、创业者与风险投资者的合作

1. 正确认识与风险投资者的关系

创业者与风险投资者之间的关系十分微妙，甚至在某些方面难以言传，要准确地描述他们之间的关系并非易事。有人说，创业者与风险投资者的关系，就像亲如手足的两兄妹；也有人说，创业者与风险投资者之间的关系更像一对患难与共的夫妻；但也有人说，他们只是一对萍水相逢的露水夫妻罢了。

在风险投资者与创业者之间，总存在着某种爱憎关系。大多数创业者在得到风险投资者资金那一天是偏爱风险投资者的，但是，若干年以后，当风险投资者兑现他的权益并能获利十倍时，创业者就会认为风险投资者获利太多。双方的另一类磨擦来源于公司的管理，创业者可能会不喜欢风险投资者对公司的经营管理指手划脚，而风险投资者也可能会对创业者的经营管理方式颇有微词。如果双方都试图控制对方而互相抵制，只能使事情越来越糟。

创业者与风险投资者都应该记住，双方都在冒着实际风险。如果不积极合作，双方都要蒙受巨大损失。因为在双方签定投资协议后，风险投资者的信誉和资金同创业者的信誉和机会已经紧密地连在一起了。从这个意义上来说，创业者与风险投资者是伙伴关系，是由投资协议这样一种具有法律效力的文件来规定双方各自权利和义务的合作伙伴关系。

2. 合作期间创业者应注意的问题

有人把从风险投资者那里筹集资金比喻为结婚，而把缔结协议比喻为婚礼。婚礼过后，创业者和风险投资者就要共同生活了。在今后的三到十年中，创业者将和风险投资者休戚与共。

大多数的风险投资者并不是完全被动的。有些风险投资者在经营管理方面非常积极，并设有一个专门的咨询机构来执行这一任务。一般来说，风险投资者可以为你提供市场的专家之见，帮助你改善销售成果；提供专门的知识，在产品上给你帮助；或者提供财务的专门知识，在财政事务上帮助你；更进一步，你们能通过实行目标系统管理（MBO）来帮助你实现全面管理。大多数风险投资家都是在金融界说话有分量的人，并且他们进行投资的时间很长，具有相当可观的小型公司的知识。因此，创业者不管是碰上金融财务还是管理上的问题，都应积极向风险投资者寻求帮助。在与风险投资者的合作过程中，创业者应注意以下几点。

（1）建立信誉

创业者在与风险投资者的合作过程中，建立信誉特别重要。 对你的合伙人——风险投资者诚实并向他提供信息，承诺的事说到做到，将逐步建立起你的信誉。如果你要改变一件事情，要向风险投资者解释为什么这样做；如果要做出一项重要决定，则应事先与风险投资者商量；如果你在产品发展上落后了，务必尽快让风险投资者知道；如果你的财务发生了重要变化，也务必尽早通知风险投资者。总之，不要让你的合伙人——风险投资者对发生的事情一无所知。开朗、直率地对待风险投资合伙人并向他及时提供有关信息，可以使你得到更多的信任。这种关系的好处可以简洁地叙述为：你对风险投资合伙人建立的信任越多，他为信息而麻烦你的就越少，他对你的判断力依赖的就越多。

（2）共同决定主要政策

对创业者来说，所有主要政策的决定都应该与风险投资者讨论。首先，当然因为他是你的事业合伙人；其次，因为大多数风险投资者已经掌握或接触过关于经营公司的大量知识。一个有经验的风险投资者看到过许

点石成金——企业风险投资的运作

多小公司经历的发展周期,这些小公司也会遇到许多类似你所遇到的问题。风险投资者所积累的知识可以用来解决你的某些问题。许多风险投资者都在商业学校受过训练,他们有优秀的分析头脑。你大可充分利用这一资源帮助你分析公司的问题,或帮你预料未来可能发生的潜在问题。你要把公司的情况不断地通知你的合伙人,并利用他的头脑帮助你解决问题。

需要强调的是,因为你让你的合伙人——风险投资者不断地了解和评论公司中发生的事情,应该讨论有关公司发展的重大问题,比如公司的发展计划、现有库存与计划的改变、雇用或解雇关键雇员等。你们还应讨论预计将来会出现的问题,比如市场的变化与新的竞争等,以及必要的防范措施。

(3) 定期与风险投资者沟通

一般来说,风险投资者都会和创业者建立起定期的沟通关系。通常的做法是要求创业者每月提供一份财务月报、月份工作报告和至少召开一次有风险投资者参加的董事或投资者会议。

①财务月报。风险投资者对一家公司投资时,都会要求财务月报。对风险投资者来说,可以从财务月报上看出公司的经营状况、公司的管理能力以及投资项目的资金使用情况。如果创业者没有按时送交财务月报,风险投资者认为是创业者经营不力、公司管理无方。延迟财务月报对每个风险投资者而言,都是表示危险的红灯,它会成为你同风险投资者关系恶化的开始。因此创业者务必记住,按时送交财务月报。

此外,财务月报必须准确真实。要知道,风险投资者大多是财务专家,如果创业者想在财务月报上做点花样和手脚只能是自欺欺人。而风险投资者最不能容忍的也就是创业者向他撒谎,遇到这种情况,**风险投资者所面临的就只有两条选择:要么撤回投资;要么将创业者赶出公司**。

②月份报告。月份报告可以是一封信、一份报告,或一份备忘录。月份报告不用太繁琐,它应是有关本公司在人事、财务、生产、科研以及产品销售方面的一个概要性的介绍。当然,实事求是是月份报告最起码的要求。

③每月召开一次董事或投资者会议。按时召开董事会议或投资者会议,向他们通报相关情况十分重要。创业者虽然可通过月份报告和电话使

◆ 风险企业如何获得风险投资

你的风险投资合伙人不断得到消息，但是，召开一个面对面的会议来讨论公司的实质性问题，是绝对必要的。许多风险投资者与他们所投资的公司每月会晤2~4次，最低限度他们也要每季度与你会晤一次。你应该为这些会议做好准备。如果要举行一个正式的投资者会议，你应事先准备一个议程并在开会前通知投资者。

在投资者会议上，创业者可以就公司的财务状况、产品开发情况、下一步的发展计划等与投资者进行商议。当然，通常是创业者提出方案交由董事会或投资者会议审定。

风险投资的主体

　　风险投资的提供者不仅包括个人、企业、银行和政府机构,而且还有国内外的各种创业基金组织。这些资金的供给者,有着不同的投资特点和优势。它们作为风险投资的主体,以不同的金融渠道来推动高新技术产业的产生与发展。研究风险投资主体,可以减少风险企业融资中的风险障碍,使其在扶持高新技术产业发展中发挥更大、更积极的作用。

点石成金——企业风险投资的运作

一、资金来源：风险资本的供给者

风险投资资金又称商业冒险资本、创业资本等，国外风险资本一般来自多条渠道，呈多元化格局，主要包括个人投资、政府资助、商业银行贷款、风险投资企业及大公司的资金等多方面。

1. 政府资助：最稳定的资金来源

政府资助主要指国家通过各种财政拨款或有关信贷优惠投入高新技术产业，尤其在高技术风险投资初期，政府资助既是风险投资稳定的资金来源，同时又为不稳定的投资者提供导向。各国政府在支持高新技术企业的发展上采取的措施虽有一些差异，但也具有许多共性。

（1）政府补贴

美国设立了"小企业创业研究基金"（SBIR），规定国家科学基金与国家研究发展经费的10%要用于支援小企业的技术开发上。《小企业发展法》规定将财政预算的1.3%用于支持小企业的发展，可以为每家企业提供5万美元用于可行性研究，20万美元用于市场可行性调查或用于购买小企业的产品。

（2）政府担保的银行贷款

美国1953年成立的小企业管理局承担对小企业的银行贷款担保任务，为数额在15.5万美元以下的贷款提供90%的担保，为数额在15.5~25万美元的贷款提供85%的担保。英国政府为小企业向私人银行提供担保，银行一般只提供申请贷款的80%，以此鼓励企业挖掘融资潜力。

各国政府承担的贷款担保比例不同，例如，日本为80%，荷兰为50%。这种通过少量资金带动大量民间和工商界的资金投向高新技术企业的信用担保制，有人称为风险资金的放大器，其放大倍数甚至可高达10~15倍。

(3) 政府订货

政府订货对高新技术企业的发展具有很重要的作用，它减少了高新技术企业的市场风险。由于有了政府订单，企业也可以较为顺利地通过银行贷款解决发展资金不足的问题。美国高技术企业发展是直接受美国国防部订货的推动而迅速发展起来的，如20世纪60年代中期的全部集成电路产品都被美国国防部买下，国防部购买的半导体器件占当时美国半导体器件生产总值的40%以上。其他国家对重要的技术产品的扶植也多采用这种办法，这是一种保护和鼓励高技术的有效措施，实际上是对高新技术企业提供资金支持。

(4) 政府直接投资发展研究与技术开发

美国政府通过研究合同向小企业进行投资，如波士顿128号公路的高技术企业和科研机构得到联邦政府的研究开发合同，在20世纪50~60年代初占政府全部研究合同的10%，军事合同的11%。1980年，美国专利商标法（96517号公法）允许对履行政府合同和接受政府津贴的大学、小企业和非盈利机构保留发明的专利权，以鼓励他们技术创新和将创新的高科技成果尽快商品化的积极性，这对高新技术产业的发展尤为重要。

以上是政府资助高新技术企业的常用方式。我国在这方面还做得很不够，还未形成一种良好的资助制度。我国政府资助资金来源主要为中央和地方的财政拨款。在目前我国的经济环境下，**国家的财政拨款对高新技术产业的发展将起着十分关键的作用，对高新技术风险投资来说，这一资金来源发挥着无可替代的功能。**

2. 大企业投资：市场机制作风的结果

由于小企业的技术创新效率一般优于大企业，因此在当前科技发展步伐迅速加快之际，许多大公司在技术发展策略上作了相应的调整。比如组建小公司以促进技术发明创新；对新技术采用跟踪策略，一旦新技术出现并显示出良好的市场前景，便立即投入力量和资金，依靠其在技术、资源上的优势迅速占领该产品市场。美国的通用电器公司、施乐公司、3M公司、艾克森公司、奥克弗蒂公司、阿克姆克利福兰公司等大企业都十分关

注小企业发展,并给以资金、人力和物力等支援。大企业对高新技术小企业的投资动因主要是:①将本企业研究和开发中的有价值而本企业又无意直接经营的成果转让给其具体发明者,鼓励他们去创业,大企业也可以技术入股和部分资金投入的方式参与到创新企业中去,一旦成功就可获得高额利润;②大企业对某些技术发展感兴趣,通过适当的投资对本企业或外企业的高新技术创新的支持,使这些小企业去创新,这样既可获得该技术,又能减少自己的研究与开发费用和风险。这是一种**以市场机制取代上下级直辖机制,把融资标准与技术战略相结合的经营管理决策,对大企业的发展及风险投资的壮大非常有利**。在欧美科技企业主导型的国家里,大企业投资是一条风险资金的主要来源。但就我国来说,要达到这一要求,还有相当大的困难。从国有大中型企业看,亏损面逐年扩大,相当多的企业开工不足。在这种情况下,企业普遍缺乏技术进步和投身高新技术产业的勇气和能力,特别是无力向技术开发和高新技术领域投入资金和维持研究开发机构的正常运作。经营规模小的企业,是很难投身于高新技术产业发展中去的。我国企业在技术进步方面的资金投入与发达国家相比差距还很大。在对技术进步和对高新技术产业的投资方面,企业观念也起着十分重要的作用。在国外企业中,关于技术竞争的观念十分强烈,美国信息产业领域最大的十家公司,研究开发费占销售值的百分比均在 10% 以上,最高的达 15.8% 之多,而我国企业认为对它们最有威胁的竞争因素中,技术竞争所占比例仅为 6.7%。我国企业对技术非常有限的投入制约了企业的规模和效益,同时,这种规模和效益又进一步妨碍了企业对技术的科技投入,从而形成一轮轮不良循环,使我国的风险投资业发展缺乏充足的资金支持。

3. "非挂牌证券市场"和"第二股票市场"

小企业发展到一定规模,可通过股票市场筹集资金,然而对于成长中的小企业来说还难以满足股票市场筹集资金的条件。因此,开辟第二股票市场对开拓风险资金来源具有很重要的意义。英国称此市场为"非挂牌证券市场"。第二证券市场可以使风险投资公司在适当时机撤出投资,以实现自己的增值机制。

风险投资追求超常规投资收益和尽可能减少风险，客观上要求有一个能使风险投资者"进能攻，退可守"的机制和条件。对于成熟的上市公司而言，这种机制和条件便是证券市场。而成长中的高技术风险企业因不具备上市资格，不能像成熟的上市公司那样在正式的证券市场进行股票或股权的交易。这就意味着，风险投资者一旦投资于风险企业，就很难抽回投资而"另谋高就"，因而也就阻碍风险投资的增值。显然，这对风险投资业的发展是十分不利的。鉴于此，世界各国在严格控制和管理正式上市公司以保证股票市场正常运行的前提下，相继为风险投资企业建立了"第二股票市场"。这类证券市场以发行风险企业的股票为主，而且发行的标准低于一般证券市场，只要风险企业的规模和资金达到一定的标准就可以在这种市场上发行股票。"第二股票市场"的建立，一方面使高技术风险企业直接融资成为可能，另一方面也为风险投资的增值、退出提供了一种市场机制，对快速发展风险投资无疑具有很大的促进作用。"发展高科技，实现产业化"是我国的一项战略国策。当前，科技投入不足，结构不合理是我国高科技产业化的主要制约因素。针对这种状况，大力发展风险投资，充分开拓风险投资的资金渠道，是摆在我们面前的一项新课题。我国可借鉴西方国家建立健康有序、有政策支持的高新技术产业"第二股票市场"的经验。

4. 个人投资：资金潜力巨大

提供风险资金的个人一般是具有充足资金和丰富管理经验的经营者，他们是在风险企业开始阶段缺少风险投资公司介入的情况下提供资金的，所以对风险投资的创立具有不可低估的重要作用。个人投资主要包括：

● 创业者的储蓄。创业者开始一般只能靠自己的储蓄，把创新思想变成样品或样机，证明其市场前景，这一时期所需的资金称为种子资金。

● 亲友的支援和赞助。

● 与有经验的个人投资者合伙经营，从而获得风险资金。到目前为止，美国个人投资风险资本超过200亿美元，其中相当一部分投入到早期风险企业。

点石成金——企业风险投资的运作

改革开放以来，我国在国民收入分配上更多地倾向了个人收入。国内生产总值的相当大的一部分流向了个人收入。如何把这一部分资金合理地投入到高新技术产业中去，是我们当前应该研究的课题。**高新技术产业虽然风险相对较大，但同时收益也较高。**因此，只要形成了一种健康有序的高新技术产业投融资体制，个人收入中将会有相当可观的部分投向高新技术产业，从而形成风险资本的稳定资金来源。

高新技术产业应及时抓住金融这一媒介，运用发行股票、债券等金融工具，将一部分居民收入中的资金转化为高新技术风险投资。这一做法，对推动美国等发达国家的高新技术产业的快速发展起到了十分重要的作用。IBM、电报电话公司、波音公司等高新技术企业发行的股票，在股票市场上均是颇受股民青睐的绩优股。而从我国目前的现状来看，高新技术产业对金融的影响力却很小。据《上海证券报》分析，目前深、沪股市上市的企业，大多是技术已经完全成熟或已成为"夕阳产业"的重化工业及消费品生产企业，很少有真正意义上的高科技股，即使像"深科技""东方通信"等这些高科技股，虽然属于信息产业中的高科技产品，但也只不过是高科技产品分工中的一环，仅仅是利用现有技术提供某些部件或成品的加工或总装而已。另外，虽然从公布的年报或招股说明书来看，这些公司的利润都很高，具有高科技产业附加值的性质，但在财务结构上还存在诸多缺陷。例如昂贵的芯片等需要进口用于拼装。因此，在近期内，我国股市的高科技板块，还远不能与纽约股市的高科技板块的业绩相比。此外，我国老百姓的科技意识相对较差，对把自己持有的资本投入高新技术产业有很大的疑虑。因此，**吸收民间私人持有资本，通过金融渠道来推动高新技术产业的发展是一条有待大力开拓的资金渠道。**

5. 科研机构自筹资金：投资规模较小

在发达国家，科研机构的归属十分明确，要么属于企业，要么属于国家，因此它们所承担的任务经济依附关系也相应明确，亦即它们所用于风险投资的资金来源于政府和企业。我国的不少科研机构任务一经完成，又要进行产品开发工作，而它们进行技术开发所需资金很大程度上不可能来自国家财政或企业。在这种资金供给背景之下，许多科研院所、高等院校只能自筹资金以承担部分开发费用。有资料显示,在科研院所与企业合作开发新技术产品时,科研院所平均要承担30%以上的开发经费。然而,对我国大多数科研院所和高等院校来说,自筹资金开发高新技术产品、投身于高新技术风险企业或与企业合作承担部分费用还是具有相当大的困难的。因此,这条风险投资渠道不太稳定,从投资规模上看也比较小。

6. 商业银行贷款:需要政府的信用担保

从国外的经验来看,商业银行作为风险投资的资金渠道之一是具有普遍性的,在有些国家(如日本),银行甚至是风险投资的主体。但在一般情况下,由于银行的基本职能决定了银行经营的首要原则是安全性,这与风险投资高风险的特点是矛盾的。因此,为了克服这一矛盾,鼓励银行向风险投资领域发展,风险投资业和银行业较发达的国家普遍采用了政府信用担保的形式。

由于受传统计划经济的影响,我国国有专业银行自主投资意识、风险意识都很薄弱,在目前我国银行资产质量低下,人才结构不合理,国企经营处于困境等条件的制约下,银行进入风险投资领域仍然存在事实上的风险障碍。我们可借鉴国外成功经验,建立信用担保基金,为银行向高科技产业进行风险资金融通提供担保。

7. 机构投资者资金:需要控制风险

投资于风险企业的机构投资者主要包括养老基金、大学后备基金、各种非获利基金等。在美国,这些机构投资者传统上相当保守,主要投资于债券和高红利股票,这一方面是因为美国联邦和州政府出于谨慎考虑所作的法规限制,另一方面是因为人们一般认为投资于新兴企业风险太大,难于监控。但自1997年以后,风险投资可能带来的丰厚利润回报,促使政府放松了这方面的管制,如允许将养老基金的2%~5%投资于新兴企业,于是这些机构投资成了风险投资的主要资金来源之一。**为了减轻这些机构投资者的风险顾虑,风险投资公司常用利润分享和投资限制协议等方式及有限合伙制组织形式控制风险。**

8. 国外投资：可观的资金来源

世界经济一体化在不断向前发展和推进，对外直接投资也逐步规范化，西方国家一般都善于引进外资投资于风险产业，从而形成风险资金的可观来源，**我国用于风险产业投资的资金的第一来源出自外商在华投资高新技术产业。**外商在华投资高新技术产业有几个原因：第一，对于外商来说，特别是发达国家的外商，其产品的技术比较优势大，而对吸收投资国来说，这方面往往还是空白，或还是刚刚起步的幼稚工业，较易形成垄断性，从而获得高额垄断利润。而非新技术产品则容易被吸收投资国的产品替代，如劳动密集型产品。20世纪90年代日本的家用电器充斥中国市场，处于垄断地位，但如今，在电冰箱和洗衣机市场上，日本的产品已将市场拱手让给了中国的国产商品。其原因就在于中国家电行业迅速实行了进口替代。第二，国内与国外在高新技术研究开发领域的官方和半官方的合作，也直接或间接地推动了高新技术产业的进程，而这种合作有相当一部分是以外方提供的方式进行的。

二、创业基金：风险投资的重要组织形式

创业基金是风险投资的一种重要组织形式。关于创业基金存在几种不同的观点。**所谓创业基金，是由风险资本组成的专门从事对中小高新技术企业进行风险投资，并期望获得较高的投资收益的资本组织。**是资本市场众多金融产品的一种，它主要通过为一些处于产业生命周期早期阶段的中小型高科技企业，甚至是处于构想中的企业提供资金支持，以协助其发展。

1. 创业基金的特点

创业基金具有如下特点。

其一，创业基金投资的对象主要是一些具有广阔发展前景的非上市的创新型中小企业。

其二，创业基金的投资属于长期投资，待投资的事业发挥潜力和股权增值后，将股权转让，实现投资的利益；正如人们所说，所有创业基金是"有耐心和勇敢"的资金，其对企业投资通常是4年或7年以上。

其三，投资对象属于高风险、高成长和高收益的新创事业或风险投资计划。

其四，风险投资项目的选择是高度专业化和程序化的。

其五，创业家和投资家必须充分合作，以保证投资计划顺利执行。**风险投资实际上通过创业基金家特有的评估技术的眼光，将创业家具有发展潜力的投资计划和资本家充裕的资金结合。**不仅如此，创业基金同时还是风险资本与科学管理的结合。

其六，由于股票未能公开上市，使股权流通不容易，所以风险投资家在股权出售之前，必须持续给予各发展阶段的资金融通。事实上，在企业发展过程中，风险资本家需要不断对投资企业进行融资。

2. 创业基金的运作

作为一种投资方式，创业基金的运作有其自身的规律。在国外，创业基金的运作主要包括以下几个环节：

(1) 资本募集

创业基金得以存在和产生的理由是高技术和创新产品的高投资风险，通常成功率在20%~30%，因而通过正常的金融渠道，从极其谨慎的银行家那里难以得到融资。从世界创业基金的规模和增长情况看，20世纪80年代以来世界各国的创业基金规模得到迅速增加。在国外，风险资本的提供者包括投资公司、退休基金、保险公司和个人投资者等等。以美国为例，其创业基金的来源也经历了明显的变化。在创业基金发展的早期阶段，富裕的家庭和个人是创业基金的主要来源。到20世纪90年代美国创业基金来源出现较为明显的变化，个人和家庭作为创业基金来源的重要性减少，而年金基金等机构投资者已经成为创业基金的主要来源。年金基金占46%，保险公司占9%，大公司占11%，国外资金占14%，而个人和家庭则仅仅占8%。

(2) 创业基金的设立与管理

从基金类型看，创业基金可以分为以下三类。

①独立型创业基金。这类基金或投资信托从各种不同渠道筹集风险资本，具体包括：年金基金、保险公司、富裕的个人和公司投资者。独立基金代表投资者利益管理，并取得管理费和超过约定资本收益以上一定份额的报酬。

②附属基金。与独立基金不同，附属基金是一些大财团，如，银行、年金基金和保险公司等等的分支机构，它只管理母机构的基金。

③半附属基金。此类基金是前两类基金的组合，即：募集的基金与母机构基金共同存在。

根据投资企业生命周期不同，风险资本或创业基金又可以分为：种子基金（主要用于新产品开发）、创立基金（主要用于新企业创立）、成长基金（主要用于市场推广和技术的完善）和美化基金（主要用于企业财务报表的美化）等等。

创业基金在国外存在两种设立方式：一是私募设立。即：由风险投资公司发起，吸收金融保险机构的资金组成。二是以公募方式设立。**基金直接向社会公众发行而且可以上市**。这类基金一般为封闭型的，可以自由转让。

(3) 风险投资方式与项目选择

创业基金对被投资企业的投资方式，通常是采取股权或债权投资及两者兼有的投资方式。具体包括：股票（普通股、优先股）、债券、可转换债权投资等等，在单一企业的投资比例低于50%，通常以保证基金能够派遣人员参与董事会作为低限。

风险投资的对象主要是一些有发展前景的中小型高新技术企业。在具体投资产业的分布上，风险资本投资主要集中在信息产业包括软件、计算机和网络设备、通讯产品等，医药保健产业、生物技术等高科技领域。

(4) 投资退出与收益实现

风险投资是一种长期性战略投资，它的投资价值实现主要是通过股权转让和股票上市收回来投资的数倍甚至上百倍的投资回报。一般来讲，在企业成长早期阶段的投资收益远远高于后期阶段，与此同时，早期阶段投资的风险也明显高于后期阶段。收益实现的具体途径是：

- 企业并购；
- 转让给其他风险投资者；
- 公开上市，上市是风险投资的最佳退出途径。

三、风险投资公司：风险资本的运作者

风险投资公司是指向风险企业提供风险资本的专业的资金管理人。他们从风险投资者那里募集风险资本，然后搜寻、调查、筛选投资项目，制定投资方案，对投资进行监督、管理和提供必要的辅助，并在适当的时候以适当的方式撤出投资，把本金及实现的利润分发给投资者。

1. 风险投资公司的主要形式

（1）典型模式：有限合伙制

在美国，有限合伙制明显构成了风险投资基金的主要组织形式。美国有限合伙制风险投资基金兴起于20世纪80年代。经过近30多年的发展，目前已经建立起相当完善的管理体制和运行机制。

前面提到，有限合伙制投资基金通常由一般合伙人和有限合伙人这两类合伙人组成。前者一般为风险投资公司或投资经理人，占基金的份额通常为1%左右。一般合伙人通常负责基金的运作，包括筛选投资项目、评估项目，参与被投资企业经营管理和投资回收全过程管理。而后者是基金主要的资本来源，通常占基金份额的99%左右，他们仅提供资本，而不参与投资管理过程。

在有限合伙制投资基金中，有限合伙人和一般合伙人之间是一种委托与被委托的关系。因此也同样要解决一个伴随代理产生的激励与约束问题。在美国，通常的办法有三个：

一是将投资经理人所得与经营业绩挂钩。即在合伙协议中明确规定，

点石成金——企业风险投资的运作

投资经理人除收取约 1.5% ~3% 一年的管理费外,当投资成功时,还可收取实现利润的 20% 作为回报,并明确列示计算方法,以促使经理人不致于为了个人私利而介入那些对有限合伙人不利的投资项目。

二是规定单笔投资最高限额或在合伙协议中赋予有限合伙人一定的监控权。这样便能保证即使发生投资失误,损失也不致过大。

三是发挥经理人市场的作用。在这个市场上,经理人的信誉对经理人个人的成功至关重要。信誉的作用首先反映在投资基金的募集上。由于合伙制基金均有一固定的存续期限,当一只基金接近届满时或投资资金不足时,经理人需要不断募集新的资金,以维持其在行业中的地位或满足投资的需要。而基金募集能否成功,在很大程度上取决于经理人以往的信誉。通常只有那些优秀的经理人才能迅速募集到所需资金,从而可以提高管理资金的规模,提高交易额,继而经理人自身也可得到更多的管理费和利润提成。除品质表现外,经理人的信誉更多地建立在以往的经验和业绩上。评价经理人业绩首先是加强经理人投资活动的透明度,保持每项投资活动的独立性,从而有助于分别评价每项投资的表现,并将可控因素和不可控制因素区分开来,以便对经理人的投资作出客观公正的评价。其次是将管理费用和投资基金分离,从而使不同合伙制基金能够横向可比。再次是建立业绩评价指标体系,通常使用的是内部收益率和投资回报率的分布(以免使一项投资的成功掩盖众多投资的失败),同时还要分析经理人对被投资企业的管理能力。

有限合伙制投资基金的存续期限一般也为 10 年,还可根据条款适当延长,但延期最长不能超过 4 年。在合伙基金募集成功后的 3~5 年内,风险投资公司(经理人)将这些资本投入到一系列投资项目中(众多投资项目构成该基金的投资组合),其后,经理人经营管理这些投资项目,在条件成熟时将其逐步变现,实现收益并将这些收益以现金或证券形式分配给基金的有限合伙人。与此同时,风险投资公司开始募集新的投资基金,新基金与旧基金在法律和运作上完全独立。也就是说,一家风险投资通常会同时管理好几只风险投资基金。

虽然同为有限合伙制性质,但不同的风险投资基金的资金规模和有限合伙人的数量不尽相同。这主要取决于不同基金对投资领域和投资阶段的选择，也取决于不同经理人各自的经验和信誉。例如，投资于创业期的投资基金的资金规模通常要小于专门向杠杆收购（LBO）提供资金的基金的资金规模，前者一般为 1000 万美元左右，而后者则高达 10 亿美元甚至更高。在有限合伙人数量上，最少的可能只有几人，而最多的可能达 100 家之多，差别很大。在有限合伙制风险投资基金中，还存在一类特殊的有限合伙人——投资咨询专家，即所谓的"门卫"，他们先从那些不具备投资专业技能和资讯来源的投资人那儿募集资金组成风险投资基金，然后以有限合伙人的身份将这些募集资金投入到其他有限合伙制风险投资基金中，这就是所谓的"基金中的基金"。

（2）个体投资者

个体投资者可以是朋友、家庭成员或是经济上成功的人，他们投资于新企业可以从不足几千美元到超过百万美元。个体投资者可能只投资于一个企业也可能同时投资于几个不同企业。这些企业可能与投资者有某种关系，如系投资者熟悉的领域或对投资者的业务有所帮助。在个体投资者中以天使投资者最为典型。

通常，**个体投资者为那些尚只有新鲜创意的企业提供种子资金**。在这个阶段，一般风险投资公司考虑到其经营准则，会认为风险过高，而个体投资者却可以为此下赌注。然而，虽然这种"早期投资"风险很大，但一旦企业成功所带来的收益也会很高。

个体投资者数量极多，具有多样化的投资重点和目标，对处于新建阶段的企业来讲，这是最合适的投资。

（3）公开上市的风险投资公司

有极为少数的风险投资公司在公开的资本市场筹集资金，但投资于新企业的方式与有限合伙制公司基本相同。由于按照证监会的要求，这类公司必须向公众公开其经营情况，所以它们较后者更容易了解。总之，公开上市的风险投资公司与有限合伙制公司运作是基本相同的，只是其资金来源不同。

（4）大公司的风险投资机构

许多主要的大公司都以独立实体、分支机构或部门的形式建立了风险

投资机构。这些机构在运作方式上与私人风险投资公司相同,但目标迥异,这是由于资金来源不同决定的。后者通过培育公司,使其成功上市而追求高额回报,前者在大公司资金的支持下是为母公司寻求新技术。**当大公司投资于一个新创公司时,是希望建立技术窗口,或希望以后把它变为一个子公司。引入大公司的资金有利有弊。**

有利因素主要有以下几个方面。

①当企业家拥有的技术对大公司有较高价值时,所得到的回馈不仅是资金,还有其他利益,包括在卖主和未来贷款人中树立信誉,与基础牢固的客户建立联系,有后勤保障的随时可以起用的生产基地等。此外,大公司还能提供生产设备、管理、市场服务和分销渠道。

②大公司资金充足对处于创建阶段的小公司十分有利,同时它们还能为公司后续的发展、扩建、成长等阶段提供资金支持。虽然,不少大公司希望尽快从风险投资的项目上受益,但是它们还是情愿与小企业长期保持业务关系。

③这样的法人公司是未来合并的理想候选者。

不利因素也有以下几个方面:

①母公司可能会对其高层管理或发展战略进行调整。这种转变肯定会对其属下的风险投资业务产生影响。法人公司可能不会按照当初拟议好的计划进行投资。或者将原投给小企业的一些资产转移给他们感兴趣的另外一些项目。

②企业家和大公司必须对双方进行合作的动因和目标有清醒的认识。双方必须相互磋商,达成共识,共同关心产品开发和企业的发展。对于企业家来讲与私人风险投资相比,法人企业的风险资金相对难以驾驭。

③大公司的企业文化可能与新企业的决策过程不协调。新企业的管理者有时要在撰写报告等繁文缛节上花费大量时间,有时在遇到紧急情况时,又缺乏充分的自主权。

(5) 投资银行和其他金融机构

投资银行曾经只通过帮助企业公开上市等方式,帮助即将成熟的企业。如今不少投资银行都已开始涉足新创企业,并获得了高额回报。从而为投资银行或金融机构开展风险投资业务造就了一大批经纪人,**这种投资**

虽不是真正意义上的风险投资,但却给风险企业进一步吸纳资金提供了机遇。

2. 风险投资的其他衍生形式

(1) 产业战略基金

常为业务相近的公司所设,投资方向集中在某一战略领域,强调局部竞争优势,通常以合资方式与风险企业联手,以迅速获取科技成果,如Java基金就是由IBM等6个大公司联合出资1亿美金组成的,专门投资硅谷运用Java技术的信息企业。

(2) 公众风险投资基金

传统上风险基金为私募基金,1996年美国颁布了公众风险投资基金法,允许一些特定的风险基金向社会募集资金,并对其活动作了一些具体的限制,如为了便于投资监督,一般只限于在本州集资。

3. 风险投资的国际合作模式

(1) 各国间的合作

①以色列国家投资公司。该公司由以色列政府、美国政府和一些犹太富人出资,更类似于招商银行,大量投资于处于创建时期的公司,美方伙伴一般负责推销。

②爱尔兰软件开发基金模式。爱尔兰政府选择软件行业作为高新技术产业发展战略的重点。为此,他们与美国有关机构联合建立了风险基金,组织爱尔兰的软件人才将美国成功的商业软件欧洲化。这些德语化、法语化的软件已在欧洲大量销售,从而使爱尔兰成为欧洲重要的软件出口国。

③日本的日美金融公司。众所周知,日本公司在尖端技术方面的创新能力不强,为克服这一问题,他们便与美国的风险投资家合作,建立联合投资公司。由后者根据前者的期望,在美国特别是硅谷地区,寻找符合其要求的高新技术企业进行收购,从而实现对该技术的买断。待该技术可以市场化时,将其移植到日本,发挥日本公司生产组织能力较强的优势,进

行大规模生产。

(2) 国际金融公司

该公司是附属于世界银行的一家私营公司,旨在通过投资于成员国的私营部门,促进它们的经济发展。该公司是世界上最大的直接以贷款和股份形式向发展中国家私有企业投资的多边组织。该公司共发起了36个风险投资和私募证券基金,主要投资于一些发展中国家和地区的小企业。这些基金一般在所投资企业中占20%~30%的股份,寻求25%左右的年回报率,基金一般委托给专业投资公司管理。IFC的其他角色还包括为成员国风险基金的建立提供建议,评估市场,寻找投资者和基金管理人员,设计基金结构等。

如该公司曾应土耳其政府的要求,起草了该国管理风险投资基金业的立法,该法案于1994年得以通过。

公司机构的设计则通常包括税赋效率、法律形式、基金投资者的地位、基金管理与管理者报酬分离以及投资战略等。

4. 风险投资的服务机构

(1) 美国风险投资协会

NVCA是美国最大的风险投资协会,会员均为风险投资公司,有30多年历史,目前拥有240家会员(全美有600~700家风险投资公司),主要靠会费收入和一些专业会计师/律师事务所的募捐运作,后者捐款的目的是希望风险公司和风险企业成为他们的客户。该会现有5名工作人员,主要任务是代表会员游说政府,筹办每年一次的研讨会,编撰出版风险投资年度报告。游说政府的主要焦点是要求政府建立有利于高风险企业的管理条例,改革税制和法律构架,推行有利的外贸政策。这些游说活动通常与其他游说团体一起行动。

(2) 信息咨询服务机构

信息咨询服务机构提供信息和中介服务,从事风险投资的研究工作,跟踪风险企业的发展,从创新开始直到并购、上市或破产为止。跟踪内容包括公司发展阶段、融资轮次、融资数量、参与融资的风险投资公司以及服务机构，如会计师事务所、律师事务所等，并定期与风险企业接触，验证每一笔风险投资交易的真实性，对所收集到的信息进行分析加工后，输入其数据库。每季度发表一份风险投资活动报告，并提供网上在线服务，编制由风险投资支持发展起来的风险企业上市情况的年报和在未来3～6月内需要筹集资金的公司名单。

第七章

风险投资的操作流程

风险投资的运作与实现，一般都要经过项目确定、洽商谈判、签订协议、管理监控、资金退出这样一个操作流程。其中每个环节的工作都会影响到风险投资的成败。因此，在其具体操用中，参与者要把握好关键的环节，审缜周密地进行，以确保投资的成功，避免投资的风险。

一、风险投资项目的确定

风险投资,主要是根据投资项目来确定的。一个真正值得投注资金的项目,是经过严格按照标准审查筛选出来的。作为投资者,不仅要看项目的目的性、居于什么产业、所具有的规模、所处的发展阶段,还要认真评估存在的风险与诸多不确定因素。

1. 风险投资项目的产生与筛选

对风险投资公司及其经理人而言,投资项目的产生不是什么问题。但挑选高质量的投资项目对保证投资成功非常重要,因此确保一定的项目信息来源也是风险投资公司及其经理人不可忽视的工作之一。在通常情况下,项目来源的主要渠道包括:与企业家的直接联系、其他风险投资机构、投资银行及其他金融机构、高等院校、研究所、政府机构、经纪人、律师及会计师等。对于产业附属投资公司而言,还可从其母公司其他部门获得有关的项目信息。

一般情况下,风险投资公司收到的投资建议书远比它能够或愿意投资的多。通常在企业家送来的每 1000 份投资建议书或可行性报告中,只有 100 份左右会引起投资经理人的兴趣,他们会约见提交这 100 份建议书的企业家,而后根据会谈情况从中又筛选出约 50 个有价值的项目,并展开尽职调查,最后根据调查结果选出其中 10 个左右的项目进行投资。也就是说,一个投资项目最后真正能够得到风险资本支持的概率通常只有 1% 左右。

在投资项目的筛选过程中风险投资公司的筛选标准起着重要的作用。不同的风险投资公司通常有着不同的筛选标准,但又有一些共同点。构成一家公司筛选标准的内容包括以下几个方面:

(1) *投资产业*

风险资本一般以高新技术产业为投资重点。从总量上看,高新技术所涉及的产业领域一般包括信息技术产业和生物技术产业两类。如美国太平洋创业投资基金在其投资范围中明确表示：该基金主要投资于中国国内电子信息产业，特别是软件、通讯、网络技术和信息服务，以及生物技术领域。尽管如此，仍有一些风险投资公司向诸如处于建筑业、一般工业品生产、商业服务等行业的公司进行投资，还有相当一部分公司专注于投资零售企业。值得注意的是，风险投资人通常会趋向于选择他们所熟悉的行业进行投资，因为这样会有利于他们对投资项目的评估和投资后的管理。

（2）投资规模

考虑到管理每个风险投资项目要花费的时间和成本，风险投资机构可能不愿意把投资分配到大量的小额交易中去。但是没有多少风险投资家敢于铤而走险地将投资规模与其风险资金的规模相当。一般风险投资机构的政策都把对单个被投资企业或企业集团的投资限制在可供投出资本总额的10%左右，也就是说平均每个风险资金投资于10个风险企业。这样一来，如果风险资金的规模较大，那么其每项投资的规模就会相应高于规模较小的风险资金。也有一些风险投资机构对单个项目的投资规模只给出了一个区间。如美国太平洋创业投资基金规定其典型投资项目的投资规模一般介于300万到2500万人民币之间。除此之外，风险投资机构一般还会对业绩好的被投资企业追加投资，这时原有的投资规模就会突破。由于风险投资的目的是为了在承担风险的基础上获得高额回报，因此，**规模的设定并不是僵化的，投资与否，投资多少还得看投资项目本身的技术经济价值。**

（3）投资项目的发展阶段

按被投资企业的发展阶段，风险投资可以分为以下几种：

①种子投资。就是向发明家或创业家提供一笔数额很小的资本，用于证明某一想法或概念是否值得进行进一步的开发和投资。这里所说的想法可以是一项技术，也可以是一种新的营销方式。这一阶段可以包括建立产品模型，但不包括生产和销售。

②创建期投资。通常是向正在组建或成立时间不到一年的企业提供的，用于产品开发、模型测试和市场检验（即试销）。在这一阶段，风险企业将进一步研究市场的渗透潜力，完善其管理队伍，修改其经营计划。

③发展期投资。是向模型测试已经完成、技术风险不足为虑,同时市场研究认为前景看好的企业(其初始资本已用光)提供的,用于从小批量的制造过程转向商业化生产和销售。处于这个阶段的企业一般还未盈利。

④扩张期投资。向已经占领了一定市场且生产和销售量开始增长的企业提供的,用于设备、原材料、存货及应收账款融资。此时的企业可能尚未盈利,也可能刚刚达到盈亏平衡。

⑤盈利期(但现金紧缺)投资。向销售量迅速增长,且已实现了净利润,市场不利变动的风险大为降低,但内部资金不能满足营运资金扩张需要的企业提供的,用于购买生产设备、扩展营销范围或进行产品改进。在这一阶段,银行可能愿意在有固定资产或应收款担保的情况下提供部分贷款。

⑥接近清算期投资。这个阶段的企业为了保持增长仍需要外部资金的帮助,其企业已经相当成功和稳定,使外部投资者的风险大为降低。企业可能更愿意使用债务融资以防止权益过分稀释,因此商业银行信贷将起到重要作用。尽管风险投资者的投资有望在几年之内变现,但变现的形式(公开上市、接管或杠杆收购)和时机还不确定。

⑦承上启下投资。在承上启下投资阶段,风险投资机构对最可能的退出方式已做了某些打算,甚至知道大概的时机,但风险企业仍需要更多的资本来维持这段时间内的迅速增长。由于"上市窗口"会根据股票市场的总体再现和特定高技术股票的表现以出乎意料的方式打开和关闭,而且利率水平和能否获得商业信贷将影响接管的杠杆收购的时机和可行性,所以承上启下投资还可能是出于早期投资者或管理层提出变现要求或者风险投资者之间对持股比例进行调整的需要。

⑧退出或变现。在退出阶段,风险投资者将其所持的大部分股份转换为现金。退出方式可以有许多种。如果以公开上市方式退出,则按证监会对内部人员所持的股份在上市后一段时间内(如90天或180天)才允许转让的规定,风险投资者的投资还不能立即变现。如果以接管的方式退出,风险投资者可能会收到现金、其他上市公司的股票或短期债券。

对发展阶段的偏好与风险投资机构所处的地区、资金来源、自身经验及行业的竞争程度有关。如美国在1984年以前的风险投资活动大部分集中在创建期之前,而在1984年以后,风险投资渐渐侧重于扩张期之后。台湾的风险投资刚好相反，在风险投资行业刚刚兴起的时候，大部分风险投资机构都选择对发展后期的风险企业进行投资，而随着行业内竞争的加剧，收益率不断下降，迫使风险投资家去寻找有发展潜力的初创企业。

（4）被投资企业的区位特点

被投资企业的地理位置和人才、信息条件构成了其自身的区位特点。通常认为，人才集中（包括技术人才、管理人才、金融和法律人才等），配套工业齐备，地处信息中心和交通中心（如美国的旧金山地区、波士顿地区、丹佛市、盐湖城和中国的北京、上海、广州、南京和西安）的被投资企业具有最佳的风险投资环境。此外，**被投资企业越接近风险投资公司，得到资金支持的可能性越大**。

在初选投资项目时，风险投资人通常还要就以下典型问题作出初步判断：

- 可行性报告想要解决的问题；
- 解决问题的办法是否很独特；
- 项目管理的人选是否理想；
- 该项目或企业家是否有信誉；
- 企业家想要的投资额是多少等等。

2. 责任审查与投资决策依据

（1）责任审查

通过筛选的投资项目将会进入责任审查过程，即风险投资机构对该项目的所有特点和细节进行详细的考察和分析。这个过程的主要目标是决定是否投资。如果分析结果是肯定的，在这个过程中还将提供以何种方式投资和投资多少的信息。

责任审查是一项复杂而又费时的工作，风险投资家的注意力经常集中在几个领域上，其中最为重要的包括：

- 创业家和管理队伍的素质（承诺、动机、诚实、信誉和创造力）；
- 产品的特点（包括价格、分销渠道和能够带来高额利润的部分优势等）；

- 使用的技术及其弱点；
- 市场潜力。

由风险投资家组成的小组（其中会包括一名会计师或律师，通常二者都有）经过与创业家及其重要管理人员的多次会面来收集各种信息。这个小组还将与其他雇员（实际的或潜在的）、消费者和供应商、信用机构和行业协会接触。他们将进行深入的取证、仔细地分析企业的经营计划和实际及预测的财务报表，并视查工场和设备等。有些风险投资机构甚至征求其他风险投资家的意见。这个责任审查过程常使创业家的耐心消磨殆尽，并因为不能满足风险投资家的"过分"和"无理"要求而遭到排斥。

（2）投资决策依据

在尽职调查过程中，风险投资人采用一定的评价指标体系来判定投资的收益和风险。对此许多研究机构作了大量深入细致的研究。

美国纽约大学企业研究中心曾对100家专业风险投资公司所作的调查结果表明，在24个考虑因素中，这些公司在投资决策时考虑的首选因素是"企业家自身具有支撑其持续奋斗的禀赋"，在100家被调查者中，有64家将其视为首选因素；其次是"企业家非常熟悉企业自身的目标市场"，第三是"企业家以往领导能力的证明"和"在5到10年内至少能获得10倍回报"。位列最后的考虑因素是"风险企业将开发一个新的市场"和"我不会进行追加投资"。这次调查再次表明，管理素质、产品市场以及投资回报构成了风险投资人进行投资决策的几项主要因素。表7-1列示了该次调查揭示的前10个决策考虑因素。

表7-1　　　　　　　　　　前十项投资决策考虑因素

投资决策考虑因素	被调查者反复提到的次数 （最多为100次）
1. 企业家自身具有支撑其持续奋斗的禀赋	64
2. 企业家对本企业目标市场非常熟悉	62
3. 在5到10年内至少能获得10倍的回报	50
4. 证明企业家过去具有很强的领导能力	50
5. 对风险的评估和反应良好	48
6. 投资具有流动性	44

表 7-1（续）

投资决策考虑因素	被调查者反复提到的次数（最多为100次）
7. 可观的市场增长前景	43
8. 与风险企业有关的历史记录良好	37
9. 对企业的表述清楚明了	31
10. 具有财产保全措施	29

关于投资决策依据的结论是：**管理能力、产品、服务或技术的独特性以及产品市场大小构成了决策评价指标体系的主要组成部分**。将上述结论加以拓展，把投资风险单列出来，我们便得到了风险投资决策所谓的"三大准则"。

当然，在上述评价指标体系下，不同的风险投资人对同一指标的偏重会有所差异。首先是风险投资公司和产业附属投资公司对同一评价指标的偏重程度会有所不同。表7-2表明两者均强调企业家的敬业精神、熟悉市场和对风险能作出良好的反应，但不同的是，产业附属投资公司强调市场或行业对其母公司的吸引力以及产品适合母公司的长期发展战略而对投资是否易于退出的关注程度较低。风险投资公司则不同，他们强调企业家的领导才能，强调投资收益和投资要易于退出。

表 7-2 风险投资公司和产业附属投资公司对不同评价指标的偏重程度

因素	提到次数	
	产业附属投资公司	风险投资公司
企业家具备敬业精神	67	64
企业家熟悉目标市场	67	62
对风险能作出良好反应	48	48
市场/行业对母公司有吸引力	39	无
产品适合母公司的长期发展战略	37	无
目标市场有极高的成长率	35	43
专利保护	31	29
企业家的领导才能	31	50
5-10年内达到投资收益至少在10倍以上	28	50
投资易于退出	10	44

点石成金——企业风险投资的运作

其次，在相同的评价指标体系下，不同的投资专家对各个指标的关注程度会有所不同。如著名的风险投资专家、美国《风险资本杂志》前出版商斯丹利·普瑞特指出，影响风险投资的主要因素是"管理、市场份额和产品或服务"。而另一位著名的风险投资专家弗瑞德克·爱德勒（FrederickR. Adler）则指出他的公司在评价一个风险项目时采用的指标依次如下：

第一个指标是风险企业具有长期获巨利的潜力。**为达到这个要求，企业必须能够预测相当一段时期的利润增长情况。**

第二个指标是风险企业要在合适的时候拥有合适的技术。产品过于先进或不够先进，技术容易被复制，尤其是当具有强大分销渠道的大的竞争对手存在时都不满足投资要求。

第三个指标是企业具有很高的潜在利润。因为高利润能够改善现金流并有助于公司的成长。那些在市场上主要靠价格竞争的公司不符合这一投资标准，除非其产品的制造成本也低于竞争对手。然而这一指标在公司产品市场尚不存在的情况下很难满足，而且通常情况下，投资人很难搞清楚产品的边际利润，也无法判断企业在新产品市场上盈利的能力。

第四个指标是管理。所有的投资人都要对风险企业的管理队伍进行考察。投资人通常喜欢有才干、有韧性而且思想开放的企业经理。爱德勒和他的投资公司在评价一个企业经理时一般从判断力、进取心、忠诚度、经验和个人魅力五个方面去考察。最后一个指标是投资人自身能够给被投资企业增加什么价值。投入的资本固然重要，但除此以外，如果投资人还能在诸如经验和外部联络等方面向企业提供帮助，被投资企业的投资潜力就会大大提高。

可见，**投资指标的选择反映了不同风险投资机构的利益导向和风险偏好。如果一个风险投资机构控制某种风险的能力较强，那么它将能够或愿意接受较高的风险，反之亦然。**因此，在每个风险投资机构设计自己的评价指标时，应该充分考虑自己的优势和劣势以及自身所处的特定环境。

3. 风险投资的三条准则

所谓风险投资三条准则是指投资人在作出险投资决策时所要依据的三

条基本原则。这三条准则如下所述。

第一准则：决不选取超过两个风险以上的项目。风险投资项目常见风险包括五个，即研究发展的风险、生产产品的风险、市场的风险、管理的风险和成长的风险。如果风险投资人认为风险项目存在两个以上的风险，一般就不应该投资。

第二准则：$V = P \times S \times E$，其中 V 代表总的考核值，P 代表产品的市场大小，S 代表产品、服务或技术的独特性，E 代表管理队伍（企业家）的素质。风险投资人在作投资决策时通常要选择那些总的考核值（V）最高的投资项目。

第三准则：投资 P 值最大的项目。即在风险的收益相同的情况下，风险投资人应投资产品市场更大的项目。

4. 风险投资需要重点考虑的问题

（1）产品市场大小

投资人对产品市场的考查重点通常放在"市场的大小"这一点上。对市场大小的判断主要要研究四个方面的问题：一是有多少客户需要这个产品，你怎么知道？二是什么时候客户会需要这个产品？三是你的产品性能能否满足客户的需要？四是市场竞争和产品竞争的情况怎样？

要了解前三个问题，就必须对消费者作深入的了解。包括考查消费者的消费习惯，消费者的经济状况如何支配收入、消费结构、潜在消费需求等，产品对消费产生的影响，产品推销周期及购买决定过程以及配套产品是否齐备等情况。

要考查市场竞争和产品竞争情况就必须考查产品现有市场格局，现在竞争对手和潜在竞争对手的市场地位及其发展战略和竞争策略（包括产品策略、价格策略、销售渠道和促销手段等方面），已有市场和崭新市场、市场渗透度和市场占有率分布，市场进入壁垒和退出壁垒、替代品产销情况及类似技术产品的竞争情况，是否一窝蜂生产等。

综合以上，通过对产品市场的考查，投资人在决定投资前一定要明确以下五个基本要点：

- 确定顾客和风险企业一样对这个产品（或服务，下同）感兴趣；
- 确定有足够的顾客；
- 风险企业集中力量在最有希望的市场；
- 风险企业充分了解自己和顾客的经济情况；
- 风险企业对市场竞争者和技术竞争非常清楚。

通常风险投资人用一个简单公式来计算风险企业产品市场的大小：

"市场容量×市场增长率×公司产品市场份额＝公司产品市场大小＜理想的市场大小。"

(2) 企业家素质

在风险投资界，西方有这样一句名言来说明管理对投资成败的重要性：**一流的创意加上差的管理会使你满盘皆输，反过来，二流的创意加上一流的管理队伍会使你跑赢全程。**那么什么是一流的管理队伍呢？对此，不同的风险投资人有不同的评价标准，如前面提到，著名风险投资专家爱德勒认为，评价管理队伍要从判断力、进取心、忠诚度、经验以及个人魅力五个方面来考查；而另一位投资专家吉恩·斯瓦茨（Jim. Swartz）则认为，风险投资家所寻找的是同时具备以下五项品质的企业家（在大多数情况下，有一到两项品质起决定作用，而其他几项品质特征在不同程度上起着作用），这五项品质按照重要性的大小依次是领导能力、远见、诚实、开明和奉献精神。

领导能力是对决策、指挥、控制等综合管理能力的概括。一般人通常假定企业家是天生的领导者，其实这并不全对。有时一些企业家需要花费数年时间来获得这种能力，而有的企业家可能永远也学不到这种能力。吉恩·斯瓦茨列举了德西系统公司的创始人埃伟·凡高（Archy Finegold）作为例子。当他在以色列伞兵部队中任指挥官时，他不顾上级的指示，从不允许部队一次睡上整整一夜。后来，他把同样的策略思想灌输给他公司的雇员们，鼓励他们独立思考。凡高最得意的是他给每一位雇员减薪后，所有的雇员都宁愿少挣一些以求得到在德西公司工作的机会。结果，加入德西公司，成为卓越的象征。显然，凡高是天生的领导者，但并非所有的企业家都是这样。而且，在投资人看来，在领导能力稍差一些的时候，如果其他品质出色，那也一样会是一个好的管理者。

　　远见是指企业家对事物发展有很好的洞察力和一定的预见性。Ralph Ungermanna 是在局域网商业领域最具远见卓识的企业领导人之一。经过五年的运营，他的公司 Ungermann – Bass Inc. 完全实现了他最初的业务计划。他本人也因而被公认为该业务领域的一流战略家。显然 Ralph Ungermanna 的远见卓识对他公司创业的成功起了至关重要的作用。值得指出的是，远见不是可以意外获得的禀赋，而是努力工作的结果。正如托马斯·爱迪生所说的那样："机遇之所以被大多数人所错过是因为它在外表看来和日常工作没有什么分别。"

　　诚实和领导能力与远见不同，因为这种品质几乎不可能从第一印象中得到。但是经过六周左右的近距离接触，一个企业家到底诚实与否就会看得比较清楚了。判断一个企业家是否诚实十分重要。企业家必须在保持诚实和让风险投资人发现问题之间掌握尺度，因为他清楚这些问题的出现会打击投资人的积极性和热情，因此投资人应该对企业家何时会对投资人隐瞒问题保持敏感。概括而言，投资人对诚实的关注主要是为了使风险企业建立起一支建立在相互信任基础上的管理队伍。

　　开明指企业家乐于通过外部学习提高自己。大多数一流的企业家都经常持续不断地从他们周围的人那儿吸收新营养。开明的企业家会不断重新评估自己所处的位置，反思自己的设想。他们的管理咨询人员就是他们自己。开明和灵活是两码事，把两者区分开来是必要的，有时候，伪装之下的灵活是靠不住的。一个企业家开明与否可以从他在决策过程中的表现反映出来，这便是建立真正的合作关系的有效途径。

　　此外，对奉献精神和执着的作用也不应低估，多少年来这已经构成了关于企业家品质的最经典教条的一部分。

　　还有的投资者将合格企业家的个人素质分为"聪明且有干劲、具有创业精神、正直诚实、开明直率、具有成功经验、处世乐观、具备招聘和组织能力"七个方面。尽管不同的投资人对企业家素质的评价标准各有侧重，但从上面的分析看，仍存在一些共同点，比如对企业家经验、诚实的品德和开明乐观的态度的一致认同等。

(3) 独特性

独特性是指风险企业与其他企业相比所具有的不同特点。**一个风险企业的独特性可以表现在管理队伍的独特性、产品或服务的独特性、生产流程的独特性以及融资的独特性等诸多方面。**风险投资人一般不愿意投资那些随波逐流的公司,他们希望被投资公司具有自己独特的商业位置(Business Position)以期通过对独特性的研究来寻找风险企业可能获得超额利润的依据。在考查独特性时,投资人通常会对技术独特性给予相当的关注。对技术独特性的考查首先是要找出技术风险投资中常见的错误,包括:项目需要大量的科研工作才能成为产品,技术需要两个以上的突破,产品没有本质性的技术突破,过早地泄露技术和产品信息,试图革新产品的每一个部件或是产品主要依赖于某一厂家或其他的突破等。在鉴别出错误之后,风险投资人根据以下标准对技术独特性作出审定:投资者必须充分了解投资项目的技术,项目的技术要有实质性的突破,发明或者掌握技术的人更为重要,确定是技术找市场还是市场找技术,要考虑产品研究、发展及生产的各个技术环节等。此外还要对相互竞争的其他技术及其前景作出判断。

5. 风险投资方案的确定过程

当一个项目通过了风险投资机构的评估后,最后就要就投资方案包括投资工具、投资价位(即投资在企业中的股份数量或比例)以及其他投资条款等与企业方进行协商谈判,以最终形成投资契约。

(1) 定价

定价是指创业家为获得风险资本所提供的股权或风险投资公司进行一项投资时所要求的股权份额。它实际上是风险投资公司对在约定投资期限的投资回报的期望。对于风险投资公司来说,投资定价与其所承担的风险成正比,早期投资者的期望收益率较后期投资者的收益率高,因而他们通常要求较高的股权份额。除此之外,企业经营业绩、产品技术水平、产品市场属性、管理队伍以及宏观经济环境等也是决定投资定价的决定因素。定价直接关系到投资双方的利益,因此常常是谈判的焦点。

(2) 选择投资工具

风险投资公司在投资时要保证投资的安全性和收益性，这正是风险投资公司在选择投资工具时所要考虑的。就投资工具而言，有两个极端：一是普通股，其优点是可以充分享受企业成长所带来的投资增值，缺点是偿债权最靠后，风险最高；另一个极端是债权投资，其优点是偿债权靠前，有固定的利息收入，风险相对较小，但不能分享企业成长带来的资本增值。为兼顾投资的安全性和收益性，风险投资公司通常选择二者之间的混合式投资工具，如可转换债、可转换优先股、优先股、附认股权债等。

风险投资公司通常要尽力拥有比普通股级别高的投资方式，即能掌握比创业家所占有的资产债权级别高的资产，这样可以使风险投资公司与他们保持监视投资企业的姿态，并保证一定的当期收益和对企业未来投资的参与。即便如此，投资工具只能在一定程度上保护投资者，为更好地控制风险，在构造交易时，风险投资公司还会加入其他条件。

(3) 其他投资条款

在投资契约中风险投资公司通常还会设置一些其他条款，以保护自己的利益。这些条款可分为两类，即风险投资者保护条款和投资兑现条款。

风险投资者保护条款主要有以下几种。

①反稀释条款。条款限制创业家出售新股的价格，规定新股售价必须大于或等于风险投资公司的优先股债券的转换价格。其目的在于确保风险投资公司的股权比例不因新投资而受稀释。反稀释条款又分为转换型和加权型两种。前者规定债券或优先股转换为普通股的价格可以降至任何普通股的最低值，后者则是按所有发行在外的普通股的加权平均值来转换。

②业绩/没收条款。条款规定企业经营者如不能达到预期的经营业绩，风险投资公司可以将其所持有的股权没收。没收股权将转让给新的经营者。此类条款的目的在于鞭策经营团体，并防止创业家过于乐观。

③雇佣合约。条款规定风险企业对创业者是一种雇佣关系。雇佣合约的目的有二：一是让风险投资公司在风险企业经营者的人选上保持一定的选择权，当发现企业成长，企业经营管理的要求变高，经营团体不能胜任时，解除雇佣关系，聘用新的经营人员；二是使企业保持稳定，不因经营

者频繁变动而影响发展。

④控制条款。控制条款要求风险企业每年聘请国家承认的会计师事务所审计财务报表；风险投资公司有权任命经理人员；依据所持股份，风险投资公司还可将其一个或几个代理人纳入董事会；尽管只持有小部分股权，但重要决策须经风险投资公司同意。此类条款的目的是使风险投资公司对风险企业保持有监督权。

⑤股东协议。此类协议涉及股票出售和新发行股票的管理。它规定，股东出售股票时，应先向企业及协议成员出售，企业新发行股票时应向当前股东，按持股比例出售，以保证当前股东的股权不受稀释。

⑥披露。在投入资金之前，风险投资公司要求风险企业披露财务状况及经营情况，提供证据证明企业状况佳，已纳税，遵守法律等。

二、谈判和签订投资协议

1. 各方利害分析

投资公司和投资的企业作为两个独立的目标函数，各自追求自身利益的最大化，因此这一阶段要确立相互协作的机制，平衡各自的权益。

投资公司关注的问题是：

- 在一定的风险情况下投资回报的可能性；
- 对企业运行机制的直接参与和影响；
- 保障投入资金一定程度的流动性；
- 在企业经营绩效不好时对企业管理进行直接干预，甚至控制。

而对于企业，关注的则是：

- 保障一定的利润回收；
- 基本上可以控制和领导企业；
- 货币资本能够满足企业运转的要求。

因此，谈判阶段所要解决的主要问题是确定一种权益安排，以使双方互惠互利，风险共担，收益共享。

投资公司对企业投资一般采用股权投资形式，当然根据项目特点，也可灵活采用优先股、普通股、可转换债券等多种投资方式。普通股的股息来源于企业的税后利润，其多少与企业经营盈亏相关，优先股的股息像债券利息一样，由契约规定，但像普通股一样不属生产成本而源自税后利润，在一定程度上与企业经营状况相关。企业破产后，变卖资产的所得首先必须偿还债券本金，若有剩余依次偿付优先股票和普通股票的持有者。

最终谈判结果，即未来的操作安排及利益分享机制，体现在双方商定并共同形成的契约上。契约条款一般包括：

- 投资总量；
- 资金投入方式及组合，包括证券种类、红利、股息、利息及可转债的转换价格；
- 企业商标、专利、租赁等协议；
- 投资者监督和考察企业权利的确认；
- 关于企业经营范围、经营计划、企业资产、兼并、收购等方面的条件确认；
- 雇员招聘及薪酬确定；
- 最终利润分配方案。

2. 谈判阶段投资者要注意的基本点

(1) 风险投资者的办公室

若对某一项目有基本兴趣，风险投资者就可邀请创业者或企业家作较深一步的会晤与协商，谈话的地点一般较适宜于选择风险投资者的办公室，因此风险投资者要注意一下自己办公室的格局。室内的陈设古朴大方，而忌华而不实。室外环境的选择也很重要，要给人以一种幽雅而豪华的感觉。总之，使对方在会晤中通过环境就情不自禁地产生一种钦佩的感觉。

(2) 风险投资者的仪表风度，应落落大方

一般衣服要显得稳重，就如银行职员的工作服。因此，投资者在与人

谈判时最好能有统一正规的着装,给人简洁、整齐、精神十足的感觉。

(3) 要牢记会晤的目的

作为风险投资者,在谈判阶段要获取更多的关于本投资项目的信息,并了解本项目怎样才能赚钱。要很好把握这个面对面考核企业家及其管理层的机会,谈判不要拖泥带水,要"快刀斩乱麻",充分利用好时间。

(4) 要寻求哪类企业家

通过会晤,风险投资者应对企业家有一个较清晰的认识。要时刻注意观察对方,看他是否与心目中的企业家相符合。一般而言,企业家若能具备以下七种素质的几种,就可以说这个企业家具备了良好的素质。一是忠诚正直,这永远是应该放在首位;二是富有成就感;三是精力充沛;四是天资过人;五是学识渊博;六是具有领导素质;七是富有创新能力。

3. 风险投资者在谈判中要注意的关键问题

(1) 如何为投资定价

风险投资者考虑其投资价格要以公司基本价格为基础,也就是,**如果投资者购买公司一定比例的所有权,则首先必须确定公司的价格如何**。风险投资者为公司定价时考虑的因素有:企业家之投资、可考虑做为投资依据的某些其他因素、风险投资者应承担的平均风险价值、其他资本和现存的运载工具。在谈判中,风险投资者应多问自己几个问题,如:与所有投资者投入的全部资金比较,企业家投入了多少资金?如果企业家投资很少,则不能奢望从公司获得更多的权益。还有:哪些因素是与投资有关的潜力?风险投资者能赚多少钱?公司能产生哪些收益?实现预测目标的机率是多少?如此种种,都是协商谈判中必须讨论的问题,客观存在,直接影响双方权益的分配。在双方协商权益分配比例时,一般要研究投资报酬情况,对于风险投资者而言,确定投资报酬数额应依据公司的内部收益率。所谓内部收益率相当于利息率,即将与投资相等的资金存入银行,其利息率为多少时其收益水准与本项投资的获益水准相同。

(2) 可能蒙受的风险有哪些

也就是说,若公司有破产风险,投资者的投资将损失多少?公司破产的机率如何?即风险投资者应承担的平均风险价值如何?这个风险价值越高,该公司破产后的价值越低,进而风险资本公司从该公司获取的权益应越多。

评价可能蒙受的风险是十分困难的,只有尽量减少可能蒙受的风险。**减少风险投资者可能蒙受的风险有两条途径,一是企业家提供某种抵押;二是调整投资结构和方式**。第一条途径就是在谈判中风险投资者应要求企业家提供一些抵押,如房地产、机器设备、专利等,这样,企业家在项目进行中就会全心投入,充分发挥他的能量。调整风险投资的方式与结构,也就是本着风险最小的原则合理确定风险投资的方式与结构,如,企业家可用自己的投资购买本公司普通股,而风险投资者购优先股,这样,如果公司被破产清理,风险投资者可以优先选择自己认为合适的地位。更确切地说,就是风险投资者与企业家之间建立一种债务关系,风险投资者作为公司的债权人,在公司中具有一种普通股和优先股都不具有的权力,进而处于安全状态。

(3) 为保证公司持续增长每年需追加多少投资

很明显,风险投资无法成长为大公司,其投资完成理想的循环有两种途径,其一是股票公开上市,其二是股票的民间推销。而通过销售股票获取投资的过程,又会导致现有股东的股权减损,为解决这个问题,风险投资者可以每次投入必要的资金,但又很难做到,这就决定了风险投资者的股权必然减损,且减损程度与初始状态有关。其拥有股权越多,股权减损也越多,为把自身股权减损控制在可接受程度,风险投资者必然考虑其初始投资的合理数量。

有两种解决追加投资的方法。方法之一是明显的,即筹足够的资金保证你从初始状态过渡到公司盈亏平衡、股票上市。尽管此种方法明显荒谬,但在风险投资领域却频频出现。以前,风险投资者的过程通常是逐步投资的。首先,某企业家带着某种想法找到风险投资者,风险投资者则只用少量资金进行试探性投资,如果实践证明可行,投资者再追加投资,雇佣更多的员工,产品投入大量生产。伴随着生产规模的扩大,盈利也十分广泛。这时,若风险投资者不继续参与投资,则每一投资循环都可能导致其自身股权之减损。近些年来,在国外出现了组织化的方式。通常是企业

家组成一个集团来到风险投资者面前,他们要集结足够的资金保证其从起步直到公司进入良性循环。这种方式不仅耗用大量资金,同时亦增加风险投资者的损失。但从另一方面说,若有强大的管理集团,又有足够的资金保证其渡过风险达到盈亏平衡,则风险投资者在事前即可确定相关的风险程度,而不是像过去那样心中无数,只能逐步摸索。无论在任何情况下,风险投资者都将分析研究公司的资金流量报告,进而明确需要多少投资,还可明确知道,若其不参与投资,将蒙受多少股权减损。**风险投资者必须深刻理解追回投资的必要性,合理处理风险与股权减损的关系。**

在谈判阶段的后期,通过对有充分兴趣企业进行实地调查之后,最后一步就是签约,明确双方的权利与义务。

三、风险投资的管理与监控

风险投资过程中的管理监控与前面的精心评估选择的投资项目和精心策划设计投资协议一样重要,风险资本家对风险企业的管理参与、咨询和监控,是减少投资风险、确保预期的投资收益率的重要手段,也是风险投资区别于其他融资投资方式如银行贷款、企业项目投资的重要标志,更是风险投资产业在近30年来健康发展、蓬勃成长的成功原因之一。

风险资本家参与风险企业经营管理最多的工作有:组建董事会,策划追加投资,监控财务业绩,制定企业发展策略和营销计划,挑选和更换管理层;参与最少的工作是那些操作性的日常工作,尤其是需要花大量时间的细致工作,如选择供应商和设备、产品开发、寻找新建客户和分销商、员工管理,这些工作通常是风险企业的管理层所应该做的。下面对参与最多的工作作一介绍参见(表7-3)。

1. 组建董事会,制定企业策略

风险投资公司往往至少派一个风险资本家参加风险企业的董事会,甚至希望更多人成为董事会成员,主导的风险投资公司派人担任董事长。风险资本家可以影响、引导和控制董事会,积极和充分地发挥董事会对企业的监督、咨询的功能，不像在其他投资融资下的企业，在许多情况下董事会没有发挥预期的作用。风险资本家通过董事会对企业的重大决策进行表决，包括追加投资、资产重组、业务发展策略、管理层的聘用。**组建并管理董事会也是风险资本家有效地执行其他五项工作职能的基础和体制保障。**

表7-3 风险资本家对风险企业的管理参与活动及其程度的统计表*

参与活动内容	参与程度平均值	方 差
组建董事会	3.77	1.99
追加股权融资	3.63	1.23
与金融界的联系	3.62	1.14
监控财务业绩	3.18	0.88
监控企业运作状况	2.82	0.98
追加债权融资	2.70	1.58
制定销售计划	1.85	1.19
评估营销计划	1.64	1.13
寻找和更换管理层	1.38	1.21
寻求客户和分销商	0.94	0.94
参与产品开发	0.72	0.83
寻求供应商和设备	0.60	0.95
员工管理	0.58	0.62

注：* 5表示经常参与，0表示不参与，4、3、2表示中间程度地参与。

表7-4是风险企业与其他私营小公司以及公众上市公司的董事会结构和作用的对比。小企业的股权分散度小，通常由创立者和家族拥有大多数股权，所有者和经营管理层是一套人马，合二为一，通常由企业老板个人制定决策，董事会人数不多，以内部人为主，董事长就是老板，董事会在决策中的影响很小。这种结构体制无疑使小企业的发展受到一定的阻碍，无法使用外界的资金资源和专业经理的人力资源，决策有可能失误，缺少监控制约系统。而上市公司的股权分散，大多数股东对企业的影响几乎没有，管理层掌握了内部信息，所有者和经营者分离，董事长由企业主要管

理层人员如行政长官和总裁担任，削弱了董事会的相对独立性；董事会对企业决策的影响也很小。因此目前在全球范围内上市公司的董事会也面临着重大挑战，上市公司的股东强调必须加强董事会对企业的监管，董事长必须分开，有两个人担任。而风险企业的股权分散度小，由机构投资者掌握，投资者与管理者建立了风险和利益共担的合作关系，重大决策由风险资本家控制，既有大企业规范式策略制定的优点，又有董事会人数少、精干的特点，体现了风险企业由风险资本家主导的董事会的独特的作用。

表7-4　　　　　　　　董事会结构和作用的对比

	小企业	上市公司	风险投资企业
股权分散度	小	大	小，关联机构
所有者-管理者	二合一	管理者股权少但控制经营	合作式，风险资本家控制
制定策略	个人式	规范式	规范式
人数	少	多	少
组成	内部人为主	外部投资者为主	风险资本家为主
董事长	所有者	CEO	风险资本家
决策作用	小	小	大

风险资本家通常是某一行业和相关几个行业的专家，对行业的发展、市场潜力大小和变化趋势有足够的了解和跟踪，他们帮助企业制定业务发展策略如产品开发策略和营销计划，使产品抢先一步进入市场，并提高市场占有率，推动企业的发展。

2. 策划追加投资，监控财务业绩

风险投资采取分段投资的策略，追加投资不可避免，包括原投资者的追加投资和其他投资者参与的联合投资，风险资本家在金融界有广泛的联系和资本来源，他们策划不同的融资方式如股权和债务，不同的融资成本和投资附加条件，不同的投资证券工具，来满足企业不同阶段的实际资金需要，让投资方和风险企业在利益、风险分配上达到平衡，使双方满意。

◆ 风险投资的操作流程　　第七章

　　风险资本家还义不容辞地承担帮助企业上市和实行其他投资变现策略，以及相关资产重组的工作，在下一节我们再作详细讨论。

　　风险资本家具有财务管理方面的专长，对财务报表的审核十分严格、敏锐和频繁。通常要求风险企业提供财务月报，尤其是投资后的前两年，强调财务报表制作的精确性、有效性和规范性、时效性，不允许拖延财务报表。因此风险资本家能掌握企业最新的情况，及时准确地作出判断分析。风险资本家要求企业财务作出敏感性分析来预测风险和收益分配，并严格控制预算费用支出，比其他融资方式更严格，与风险投资中的分段投资策略是相符的。

3. 挑选和更换管理层

　　风险资本家不仅仅熟悉一个或几个行业的市场信息和技术发展，也熟悉这些行业的创业家或经理人才，与他们保持密切关系，甚至平时选聘这些人为候选的风险企业管理层。当风险资本家投资某个新企业时，往往选聘这些专业人才与新公司的创业家一起组建一个强有力的管理层，使之至少具有四个方面的专业人才：**技术开发、生产运作、营销和财务管理，加上一个各方面综合能力较强的总经理。**

　　当企业进展与预期计划相差太远时，风险资本家会从各方面找原因，包括人事问题，在必要时更换管理层，尤其是更换 CEO，这是由于风险资本家在董事会有足够的权力来实施他们的意志，保护投资者利益。根据一项研究表明，美国的风险投资产业，在业绩不良的公司中，有 74% 的总经理或首席行政长官被至少更换一次，在业绩尚可的公司中，也有 40% 的总经理或首席行政长官被至少更换一次，随着风险企业的发展，创业家在管理方面的经验显得不够，无法把握迅速发展的企业，许多创业家转为副总裁或部门总裁，由风险资本家任命新的经理人当新总裁。即使有的创业家退出公司，他还持有公司相当一部分的股份，如果新的管理层能给公司带来更好的发展，这于创业家有利。据统计，在风险企业成立后的前 20 个月中，由创业家之外的人担任公司总裁的比例为 10%，到了第 40 个月，这个比例上升为 40%，到了第 80 个月，所有统计的风险企业有 80% 的企业 CEO 已不是当初的创业家。在硅谷，目前十分流行 EIR（Entrepreneur In

Resident）即驻守创业家制度，风险资本家物色优秀的创业家，尤其是那些已有一次或几次创业成功的创业家，让他们在风险投资公司任职（EIR），参与风险资本家的项目挑选过程，从中发现自己适合或感兴趣的项目，并与原项目发明人一起组建新的风险企业，或者在风险投资公司任职期间孕育新的创业项目，风险投资公司提供6个月到1年的所有薪水、费用和有关信息、工作条件、必要的资源支持，在项目策划成熟时，由风险投资公司投入资金，组建新的风险企业，由EIR担任新的风险企业的总裁。

4. 及时地进行危机处理

风险资本家随时注意风险企业可能出现的问题，当出现下列问题及信号时，风险资本家会及时介入风险企业的直接管理来解决问题。

在风险企业债务融资情况下出现企业延迟付息，表明现金流量短缺。 会计方法与上一期不同或延迟上交财务报表，表明财务数据有可疑之处，风险企业管理层很可能隐瞒经营问题。当资产负债表出现重大变化如应收款、应付款的增多，表明销售管理失控。出现盈利减少或亏损表明费用控制不当。订单、客户和产品价格发生变化和市场占有率的下降，企业中层管理层发生变动，员工流失率增加，表明公司面临一定危机。如果再有外界环境上的恶化如行业和技术的变化、市场需求降低、政府相关政策变化，则更能加重危机。

风险资本家会分析产生危机的根本原因是什么，是对技术、产品和市场趋势的判断错误，还是投资不够，无法推动企业占领市场，或者是企业得到资金后没有严格的财务管理导致资金浪费，或是企业家的人事管理上的经验不足导致工作岗位职责不清，工作分配不当，人员聘用失误，激励机制失效，评估考核培训不力，使企业无法调动员工的积极性和提高他们的工作能力，使企业的技术开发、营销和财务管理各项工作的目标无法实现。

在出现这些问题时，风险资本家除了提供咨询，更能随时接管公司的日常管理，尤其是在CEO更换期间，风险资本家自己担任临时的CEO，直接管理公司业务，这就要求风险资本家有企业管理的实际经验。美国的风险资本家大多来自科技企业的高级管理层，不仅有行业产业的知识和经验，也懂得财务和其他管理，能胜任这一危机处理工作。而来自金融机构下属的风险投资公司的投资经理人缺乏技术、营销、人事管理方面的经验，这也是他们的投资业绩比独立的有限合伙风险投资公司差的原因之一。

5. 影响管理参与程度的因素

风险资本家参与风险企业管理监控可根据参与投入程度不同分为三大类：直接指挥型、间接参谋型、放任不管型。直接指挥型是一种紧密式参与，风险资本家的意见直接影响到风险企业的决策工作。间接参谋型虽然在上述几个方面提出咨询建议，但并不强求企业完全接受和采纳，具体实施的主动权还在企业管理层手中。**在全球风险投资业中，越来越多的风险资本家采取紧密型的方式为企业提供增值咨询服务，进行有效的信息收集和监控，以确保投资收益。**放任不管型通常是在金融机构下属的风险投资公司对后期企业作短期投资的情况下，这些风险投资公司的经理既缺少相应的管理经验进行紧密式监控和咨询，也没有这个必要对已经比较成熟和规范的企业进行过多干预。放任不管型也是联合投资的非首席（主导）投资者对所投资企业采取的做法。

风险资本家参与管理监控的程度与下列因素有关。

①投资数额。风险资本家对某家企业的投资数额越大风险也就越大，管理监控的程度也越高。

②时间安排。风险资本家必须经常对一个企业进行实地访问和电话查询，每年花在一个企业的时间至少为 100 小时，如果他们管理的风险企业很多，也影响到他们对每个企业的管理时间和程度，因此他们必须有所选择。

③企业的需要。企业是否有这种管理咨询的需要，愿意接受这种紧密式监控，管理层是否有足够的经验独立完成工作，也影响到风险资本家参与管理监控的程度。

④风险资本家的经验。没有足够的经验，风险资本家无法监控企业的经营管理，也无法提供有效的咨询意见。**风险资本家还必须对所投资的企**

业的业务和产品以及相关市场的竞争作深入的研究，以便对企业作一个客观全面的评估。除了风险资本家应该具有的行业和金融方面的经验，其他在企业策略、营销、人事管理方面的经验也是必须的。

⑤与企业的关系。风险资本家必须与风险企业家相互信任和理解，共同明确风险资本家必须与风险企业家相互信任和理解，共同明确风险资本家参与管理的目标和方式，风险资本家要花时间与风险企业交流沟通，建立伙伴和合作关系，才能进行有效的管理监督、参与和咨询。

⑥企业的发展阶段。企业希望风险资本家参与时，在企业后期风险资本家的参与程度减小，在风险企业遇到困难或出现危机时，管理参与加强，首席投资者参与程度较高，而其他投资者一般不参与。

6. 投资方对风险资本家的制约

在风险投资中，代理人风险尤为突出，因为投资者（所有者）与风险投资家（代理人）存在着巨大的信息不对称，一方面风险资本家积极参与风险企业的管理，另一方面，有限合伙人的法律地位和实际情况使其无法监控每个投资项目的操作，因此合同规定如下方法来避免风险资本家作出不利于投资者利益的决策。

①风险基金是有固定期限的，风险资本家不能永远保管资金，这与其他的互惠基金和公司的无限寿命不同，固定期限的机制使投资者能够不在以后再投资于同一个风险资本家所管理的基金，如果风险资本家行为不端，在下次募资时将有很大困难。

②参与利润分配（20%）给风险资本家很好的刺激，促使他尽力去提高投资组合中风险企业的价值。

③有限合伙人可以退出基金，不再注入以前承诺的资金，但这会使有限合伙人损失以前投入资金和收益的一半。

④风险投资公司的资产出售所得，必须返回给投资者，禁止风险资本家从事一些自我利益的交易。

好的风险资本家愿意接受这种固定期限的合伙制基金和与投资业绩挂钩的奖励措施。他们同意投资者每过几年对他们的业绩进行评估，如他们投资管理业绩不佳，将无法得到追加资金，或无法从其他投资者那儿获得资金，如果他们表现不俗，则能分享巨大的投资收益，并能继续在这个行业募资、投资、收获、再募资。如果他们对自己没有信心，就不会同意这些条款，投资者通过这个合同来筛选好的风险资本家，这份合同提供了一种双赢的激励机制。

7. 风险资本家对风险企业的监控和对创业家的筛选

风险资本家和创业家获得不同的有关企业的信息，而且即使有些信息是一样的，他们也会有不同的意见和决策，如何时放弃投资或如何及何时变现投资。克服风险资本家和企业家之间的信息不对称和代理人风险（在这里，风险资本家是所有者，企业是代理人）的方法有以下几条：

- 通过分段投资来控制风险；
- 通过股权奖励措施来刺激企业管理层；
- 风险资本家积极参与企业的管理咨询来监控企业运作；
- 在投资协议中设定变现投资股权的方法。

下面作一些讨论。

分段投资的控制是在投资的每一阶段，如创立期、成长期等投资一定的资金，正好足够让企业进入下一阶段。通过分段投资可以使风险资本家保留放弃投资的选择，这是十分必要的，因为创业家一般不愿放弃已经失败的项目，反而会追加融资力求出现转机。**分段投资对企业管理层是一个压力也是一个激励，资金是昂贵和稀少的资源，管理层必须节省使用资金。** 追加投资实际上稀释了企业管理层的股权，而且稀释比例随着分段投资的次数增加而加倍递增，对管理层是极其不利的，因为最后管理者的股权可能很少。分段投资也能使风险资本家中止投资，这个威胁对企业是十分致命的，因为一旦风险资本家放弃投资，就意味着这个企业或项目有极大风险，企业不可能再获得其他投资者和银行的资金。

同时，风险资本家还通过签订投资协议，有权力解雇管理层并回购遭解雇的管理层的股票，通常是以账面价格而不是当时的市场价格回购，风险企业中管理层分期认购股票（行使认股权）的程序也限制了管理层在离开公司时所拥有的股票（少于应得到的），更严重的是管理层或创业者往往把自己的资本和人力资源投入这家风险企业，一旦离开企业，损失巨大，而且难以在同一行业找到创业或就业的机会，这就迫使创业家竭尽全力去发展企业，没有太多的退路。

企业家能够接受分段投资等其他苛刻的条件，表明他们对自己的项目和能力有信心，他们知道如果达到目标，他们就能获得相当多的股份，风险资本家投资越少，企业家和管理层的股份越多。另一方面，风险企业家也十分注意选择哪一家风险资本家提供资金，因为风险资本家不仅提供资金，也提供各种增值咨询服务和网络关系资源，这对风险企业十分重要。他们关心的不是有多少钱，而是谁的钱。分段投资使风险资本家随时可以放弃投资，同时他们对好的项目又能及时追加投资，这个机制是由合同规定的，**风险资本家有第一选择权或拒绝权来购买企业追加融资时所发行的股份**。

创业家接受风险投资一般只能拿比他们在其他公司可以拿得到的少许多的工资，但有购股权作为一种激励，他们通常持有普通股，因此只有公司发展壮大创造价值时，普通股才可以变现产生回报，这种机制把投资者、风险资本家、企业管理层的利益和目标联结在一起，统一协调，这个机制也惩罚不良的经营业绩，如果公司业绩不好，管理层可能会一无所获。

没有一个合同能详细规定和预测风险投资过程和风险企业所可能发生的一切，风险资本家必须参与公司管理，他们领导董事会，帮助聘请管理层，帮助策划公司发展战略，继续为企业募资，策划企业并购、资产重组等各种交易，有时在更换管理层期间甚至直接控制公司的日常运作，所有这些方法都增加了风险企业成功的可能性，提高了投资收益率，保护了风险资本家和投资方的利益，减少了信息不对称及其所带来的代理人风险。

因此，在美国风险资本家的工作是十分繁忙的，有一个调查表明，一个风险资本家负责平均八个企业的投资管理，在其中五个风险企业担任董事，每年走访每一家所投资公司 19 次，每年有 100 个小时与每一家所投资企业直接交流。他们同时还要再募集资金，发现新的投资项目，管理风险投资公司本身，与同行业和各类中介公司打交道，与投资银行、证券公司讨论企业上市的事项，或与其他大公司讨论转售风险企业的事项。

风险资本家和风险企业都希望把他们手中的股份变现，但往往对变现时间和方法有不同意见。股票回购协议和可转换优先股决定了变现机制，带红利的优先股给投资者带来一些收益，但许多风险投资公司虽然持有风险企业的优先股，却往往延迟付红利来确保风险企业在成长期有足够的流动资金，然而可积累的红利对风险企业压力很大，同时红利不可以扣税，所以创业者总是想加购优先股。许多风险投资公司的协议规定企业回购投资方的股份来变现投资者收益，这通常是在风险企业有一些盈利但还不够上市资格时采取的方法，如果能上市，双方都不会采用这种给投资者保障性的但投资者收益较少的股票回购方法。

　　可转换优先股相当灵活，转换比例是可变的，风险资本家根据风险企业的业绩来确定转换比例，如果公司经营良好，转换价高，减少对管理者普通股的稀释，如果业绩差，转换价低，优先股转成普通股的数目多，管理者所拥有的普通股相对比例减小。灵活的转换比例调整了风险资本家与风险企业之间的风险收益分享，可以防止创业家过分夸大盈利预测而增加投资前的资产评估（减少投资者的股份），同时这一机制鼓励创业家去创造价值，获得更多回报。

　　上面所讨论的合同条款把许多风险推向企业管理层，他们对这种风险的反应可以让风险资本家来评估创业者的信心和能力。只有充分有信心的创业家才会接受这种苛刻但又有巨大回报潜力的条件，如低工资但又有认股权，可转换优先股使企业家败则一无所有，胜则满载而归。

　　另外一个创业者的筛选机制，也即风险资本家的风险控制机制，是资产评估时的高贴现率。在风险资本家眼里，这个贴现率必须包括无风险利率，系统风险贴补，市场风险如变现风险贴补，风险资本家的增值服务的补偿，资金供应者的盈利要求，风险投资的管理费用和风险投资家的利润分享部分，再加上创业者本身所应得到的回报，贴现率根据所投资企业的阶段和投资年限不同，可以高达60%。高贴现率也反映了通常偏大的资产评估和盈利预测，很少有企业能像创业家的业务计划所描述的100%达到目标。高贴现率和可优先股的转换比例可以调整双方对未来盈利的不同预测。虽然风险资本家在这个监管控制中应用各种机制，显得权力很大（Who has gold rules），但并非可以主导一切，随心所欲，如果他们滥用权

力，就无法吸引到好的投资项目和创业家，就无法获得好的投资回报，就无法再次募集资金。事实上风险资本家的压力不会比创业家小，**资金越来越多，风险投资公司越来越多，好的项目却越来越少，只有出色的风险资本家才能在这一行业站住脚跟。**

从上面的分析，我们可以看到投资者与风险资本家的关系同风险资本家与风险企业的关系有相似之处，表现在以下几个方面。

①都有分段投资，资金所有者保留放弃追加投资的选择，都对投资对象有一个分段评估。

②对两种关系中的代理人——风险资本家和风险企业的奖励机制相同，直接与他们所创造的效益挂钩。

③变现保护的权利也相同，有限合伙人通过合同要求风险资本家在基金期满后归还所有资产，风险资本家通过股票回购协议变现风险企业的投资。

④如果失败，所面临的结果同样严重，风险资本家无法募集资金，专业声誉受损，创业家也将名利双失。

8. 风险控制的十大有效方法

综合前面所讨论的各节内容，我们看到风险投资的操作，有一系列相互联系配套的控制风险的手段，总结一下，主要有以下十种方法。

（1）严格执行业务计划书

风险资本家对业务计划书的审核十分严格，计划书反复修改后，确定盈利目标和一定时间内达到某一经营目标的要求，风险资本家会经常检查这些分阶段目标是否实现，如果发现企业的经营方向偏离业务计划书或者创业家没有完成阶段目标，就会找出原因，解决问题，来控制风险。

（2）分段投资

风险企业有相当大的失败比例，因此风险资本家每次投入的资金量是足够让风险企业发展到下一阶段所需要的资金。严格控制预算，保留放弃投资解散企业的权力，来减少损失。

（3）组合投资

投资多个企业、多个行业来分散风险，避免因行业周期性和市场不可预测带来的风险。

（4）联合投资

与其他风险资本家一起分享信息、评估考察企业、提高决策水准，以此来减少风险，同时充分利用几个风险投资公司的人力资源、网络资源和业务专长，可减小每家投资公司的资金压力，利用少量投资，多投资风险企业，通过组合化来减小风险。

（5）投资多个阶段

分别投资创立期、成长期和扩张期多个阶段的企业，而不是只投资一个阶段的企业，使资金回收期能间隔交替，而不是集中在某一阶段回收，避免因为股票市场不景气而无法套现资金。但能够投资多个阶段、多个行业的一般只有那些享有盛名、经验丰富的风险投资公司才能做到。

（6）追加募资

风险资本家不断向机构和投资者募集新的资金，保持充分的资金来源，随时可以投资好的项目，同时要有多元化的资金来源渠道，以便在一个基金失利时无法向原有资金来源融资的情况下，可以有其他来源的资金。

（7）高贴现率

也是高预期收益率或者高投资回报倍数，在股份计算时使用高贴现率，来调整风险企业盈利预测的偏高，降低风险，确保合理的收益率。

（8）合同制约

通过投资协议中的肯定性条款和否定性条款来规定企业的行为，**确保信息披露的及时准确，制约企业可能有的不当行为或失误，通过合约补偿来保护投资方的利益。**

（9）股份和优先股的转换价格的调整

风险投资成功地应用可转换优先股的复合型投资工具，利用转换比例

的调整机制,根据企业经营业绩的好坏来调整风险投资公司和风险企业各自拥有的股份比例,以保护投资者利益,激励创业家勤奋工作,充分利用创业家和企业管理层的人力资源。

(10) 管理咨询

风险资本家通过参与组建董事会、监控企业经营业绩、策划营销方案、追加融资和培育管理层来有效地监控企业经营,消除信息不对称和代理人风险,为企业提供增值服务,支持推动企业的顺利发展,确保投资收益的实现。

四、风险投资的退出:实现投资回报

美国是风险投资比较成熟的国家,这里主要介绍美国风险投资退出的基本做法。

1. 公开上市:优先考虑的退出方式

风险投资活动的另一个重要阶段是投资退出(Exit)。投资退出的条件和方式通常在最初签订风险投资协议时即已确定。退出的目的主要有两个:一是收回原有投资;二是实现投资收益。但这两个目的能否达到还取决于一定的内外部条件。内部条件是指被投资企业的价值和管理素质,外部条件是指投资退出时的宏观经济环境、证券市场的走势与活跃程度以及与风险投资退出有关的法律、法规和证券监管条例等。

风险投资通常有三种最基本的退出方式:公开上市、收购和兼并、执行偿付协议。其中,公开上市往往是一种被优先考虑的退出方式,在美国过去的 25 年中,大约有 3000 家得到风险资本支持的公司挂牌上市。

将被投资企业公开上市必须在投资进入以前就予以考虑。当签订风险投资协议时,投资人一般会要求将财务信息和注册登记权等内容写入协议条款。这样便使私人股权在公开市场出售的可能性增大而且不必完全依靠 144 条款(Rule144)或其他注册登记豁免条例。同样,被投资企业在未来满足管理当局关于公开上市标准的能力也必须在一开始就予以考虑。

其次,当确定投资企业公开上市的各项条件均已成熟时,便要选择一家合适的承销商并开始和它共同协商价值评估、公募类型、募集规模、承销费用以及其他相关事宜。在这个过程中,风险投资人通常起一种辅助的作用。此外,依据证券交易委员会(SEC)的看法,风险投资人作为被投资企业的关联方或控股股东,必须承担相关责任。

最后,所有的私人投资者都应该对全美证券商协会(the National Association of Securities Dealers, Inc.,简写为 NASD)关于新股发行的有关规定熟谙在心,以避免使公开上市受到阻碍。

尽管证券市场变化无穷,难以判断,而且兼并收购已经成为一种最有可能的投资退出方式,风险投资人还是要随时准备利用公开上市所带来的好处。但值得注意的是,投资人通常只允许在公开上市时出售所持股份的一小部分,剩下的部分必须继续持有 90~180 天才能出售。而且 144 条款还可能对下一步退出作出进一步的限制。但是,对投资人而言第二次募集则是完全允许的。

(1) 签署风险投资协议时与公开上市有关的考虑

①注册登记权/上市申报权。由于证券登记只有在得到被投资企业同意和合作时才能被接受,因此非常有必要将有关登记和取得财务信息的权利写入投资协议。风险投资人通常希望享有无限制登记权,例如享有在任何时候登记任何数量股份的权利,同时要求禁止管理层享有这种无限制的权利。在风险投资协议中,有关风险投资人注册登记权的条款通常应该包括以下几个部分。

a. 如果风险投资人协议转让其所持股份,相关的注册登记权应同时转移。

b. 被投资企业清偿风险投资人投资时不得违反证券法的要求。

c. 被投资企业应向风险投资人至少提供未审计季度财务报表和经审计的年度财务报表,这些报表必须按照证券交易委员会(SEC)规定的 10-Q 格式和 10-K 格式递交,虽然这并不一定是法律所要求的。

d. 被投资企业应同意向其审计人员、咨询顾问人员和承销商支付费用以便于他们向风险投资人提供建议并使公司挂牌上市。

此外，关于证券承销商的选择、上市相关文件准备等条款也可以在双方协商基础上考虑写入投资协议。

②获取财务报表。在风险投资中，风险投资人一般会要求定期获得被投资企业的一些财务报表，而且依据合同条款向被投资企业报送的财务报表应该和按1934年法案规定列报的数据和列报格式相一致。在美国，大多数上市申报表格要求附有连续几年经注册会计师审计的财务报表。此外，证券交易委员会144条款（当风险投资人在公开市场出售其股份时通常用该条款来作为申报豁免依据）也要求被投资企业向其股东报送定期报表或类似报表文件。

（2）上市程序

要使被投资企业上市成功，就必须使投资银行、证券交易委员会、全美证券商协会、各州股票发行控制委员会成员和股票最终购买人的要求都得到满足。通常情况下，公司上市需要有1~4家承销商来帮助承销股票。承销商然后会组织分销并分散风险。作为全美证券商协会的成员之一，承销商必须遵守该协会的有关管理规定。此外，在美国各州还有所谓的"股票发行控制委员会"委员，其职责是监督州股票发行控制法是否得到遵守，而该法主要是为确保证券价格对社会公众的公平性而制定的。

①选择承销商。公司股票上市在正常情况下需要花费3~5个月的时间。当公司管理层和风险投资人认为被投资企业已经符合上市条件时，应该选择一家证券承销商来销售其股票。承销商的规模、能力相差很大，与小公司合作的意愿程度也不相同，除非发行市场非常火爆，对没有累计5年利润增长记录、税后利润达不到200万美元的公司，大的投资银行一般都会拒绝承销。而更大一些的投资银行则通常要求公司利润至少在2000万美元以上，这是规模经济所然。此外，和其他商人一样，投资银行必须使自己承销的股票满足顾客的要求。由于大的投资银行对投机者不感兴趣，因此他们更愿意大量承销每股价格在10美元以上的股票。但是尽管1992年制定颁布了对小额股票（Penny Stock）进行严格监管的法律，目前仍有少数声誉较好的投资银行愿意承销发展潜力大的小公司的股票。

A. 选择证券承销商的步骤。

第七章 风险投资的操作流程

- 准备一份关于被投资企业的介绍及招股说明书，在该介绍中要将本企业与那些已经成功上市的竞争对手作出比较，同时要附上财务报表摘要。
- 列出那些已经成功完成了同行业相似规模公司股票上市承销任务的投资银行的名单。并注明哪些是和你及你的同事有个人交往的，哪些是从《投资者日报》等处挑选出来的。
- 向名单中列示的前十位承销商递送公司介绍及招股说明书。
- 造访或接待相应的投资银行并提供附加信息。
- 通过调查和核实敲定招股书和主承销商。
- 请承销商就股票定价、研究报告提纲等问题发表看法，以加强协同效果。
- 在主承销商的指导下，根据发行规模挑选 2~3 家承销商加入承销工作。

B. 承销商会对发行人（发行股票的公司）及本次发行工作的评估。评估中通常要考虑的问题包括：

- 公司管理层是否具有能给公众留下深刻印象的良好资历？机构投资人能否成为本次认购的主体？
- 公司业务是否易于理解并且具有很好的发展前景？公司能否掌握自己的命运？
- 存在哪些阻碍投资人购买股票的风险因素？
- 公司是否已经取得了令人满意的进步并将吸引市场注意力？
- 公司资产负债表上是否真的没有隐藏负债、虚列资产、潜在诉讼和复杂的资本结构？
- 是否能够设计出一种能为承销商及其顾客赚钱的所需证券？

C. 承销方式。主要的承销方式有两种：一是包销，即在发行期满时承销商同意从发行人处承购剩余股票，然后再销售给公众投资者。二是代销（Best Efforts），即承销商只同意从注册登记生效日起尽力将发行的股票销售给公众投资者，发行期结束时承销商没有承购责任。此外，还有所谓"部分包销、部分代销"、"最高最低代销"等承销方式。

D. 发行费用。发行费用包括承销费和各项附加费用。在美国证券承销费由全美证券商协会（NASD）规定上限，在典型的公募发行（IPO）中，承销费一般以已完成类似规模交易的平均收费为基础。一般情况下，承销费为募集资金的5～10%之间，因此收费金额取决于发行规模。除承销费外，一些规模较小的承销商还会要求发行人承担相关的法律费用和差旅费用等。前者通常为3～7万美元，后者为1～2.5万美元。此外有承销商可能还会要求发行人承担前期费用（UP-FRONT FEE）。对发行人来说，发行费用除包括前述两类外，还包括印刷费（4～10万美元）、会计师费（2～5万美元）和律师费（5～10万美元）等。如果发行规模超过1000万美元，这三项费用就有可能要翻番。总的说来，当发行规模超过2500万美元时，平均发行费用约为发行市值的15%左右，但当发行规模低于1000万美元时，费用比例将会大大提高。

②注册登记与股票销售过程。

A. 主要包括以下几个步骤。

• 准备申请上市登记表和招股说明书（Prospectus）。会计师、律师、承销商共同参与，一般需2～4周的时间。

• 向证券交易委员会（SEC）、全美证券商协会（NASD）和所在州的股票发行控制委员会递交申请上市登记表和预备招股说明书（Preliminary Prospectus）。

• 收到证券交易委员会批复意见后，修改申请上市登记表并再次递交，同时召开尽职调查会议，在潜在投资人中间搞巡回推介和"路演"。

• 讨论发行定价，签订承销协议。

• 证券交易委员会（SEC）下达发行上市通知书后，注册登记开始生效。

• 组织承销团开始股票发行销售。

B. 证券交易委员会、股票发行控制委员会和全美证券商协会各自监管和审核的重点。

证券交易委员会重点审查两点：**一是核实发行公司以前场下私募交易是否确实可以豁免登记；二是审查与股票发行有关的事实和风险是否得到充分披露。**

州股票发行控制委员会重点审查内容是：核实承销商营业执照及证券

发行注册登记情况，检查发行价格是否公平，原持股人股价上升的依据何在。

全美证券商协会审查重点包括：一是要求承销商对发行作出尽职调查以了解发行是否符合其顾客的需要，并确定发行人报送材料的真实性，NASD 要求承销商自己去核查而不是仅仅依靠证券交易委员会律师；二是发行人在向 SEC 递交注册申请时同时也要向 NASD 公司融资部递交相同材料，该部按协会制定的相关指南对以下三项主要内容进行核查：以往和该发行人合作的承销商情况，本次承销酬金安排和本次承销市场安排。NASD 通常不允许承销商超出标准收费，也不允许承销商、发行人及其相关人士预留热门股票谋利。

2. 兼并收购：容易成功的退出方式

收购和兼并则往往是最容易成功的退出方式。通过收购或兼并，风险投资人以收购方式获得现金或股票，然后便将出售收益分配给其有限合伙人。但与公开上市不同，被投资企业的管理层一般不太欢迎这种退出方式，因为这样做往往意味着企业被大公司收购而失去其独立性。因此，**通过收购和兼并退出通常要使管理层的利益也部分得到维护。**

通过兼并收购撤出投资通常是指风险投资人通过由另一家企业兼并收购被投资企业或由被投资企业收购另一家企业的办法来使投资退出原被投资企业的一种方式。

理论上讲，兼并收购决策的主要依据是：对风险投资人而言，只要将被投资企业出售或被兼并后其资本收益（Return on Capital）的折现率比被投资企业仍保持独立存在时的折现率高，则通过兼并收购撤出投资就是合算的。当然，出售或兼并决策还要考虑被投资企业预测的增长率、市盈率（P/E）、新增融资成本、适当的折现因子以及协议转让被市场接受的程度等。

尽管如此，实际操作过程中的决策并没有这么简单。在风险投资人看来，一个主要的问题是如何评估管理层实现预测目标的能力，尤其是当被投资企业正在开发一项新技术而且明显看到有其他管理良好、财务实力雄厚的公司正在进入该项目的目标市场时，这种评估就变得更为困难。

(1) 管理层激励安排

通过兼并收购撤出投资必须事先解决被投资企业管理层的激励问题。在很多情况下,管理层或者不支持其他公司对被投资企业的收购,或者很支持,而目的也是想通过收购兼并来退出对被投资企业的管理。显然这两种情况都是风险投资人和收购方所不愿意看到的,因为没有任何一家收购方会对一家没有管理的公司感兴趣。结果在很多时候,当收购兼并交易完成甚至引入了部分激励因素后,如果管理层仍不同意继续任职,投资人往往不得不自己去管理一家自负盈亏的公司或者引入新的管理层。

解决管理层的激励问题通常情况下需要风险投资人予以关注而不是完全留给收购方和管理层自己去协商。如果不这样做的话,收购方可能会要求将收购价格的很大一部分用于收购后对遗留管理人员的支付,对风险投资人来说,这显然是不合算的。解决管理层的激励问题同样需要管理人员的参与,因此,风险投资人通常会要求让管理层的代表参与并购协商的第一个主要环节或者通报全部与管理层有关的会谈情况。风险投资人和管理层之间有何分歧都可以进行坦率而又充分的讨论,部分用于并购后激励管理层的经费也可以由风险投资人在协商过程中直接予以支付,这样可能比等到签订雇佣合同时由收购方全部提供给管理层要好一些。常用的激励安排可能包括:

- 将收购价格的一定比例支付给管理层;
- 累进期权;
- 离职薪酬与红利安排等。

然而尽管这几种安排确实能对管理层起到激励作用,风险投资人还是会建议给予管理层部分股权,从而使他们站在投资人而不是雇员的角度来考虑问题。

(2) 了解收购方意图

一般来说,收购方总是试图通过收购兼并来实现其一个或是多个战略目标。**了解收购方的收购意图及其备选的收购目标对风险投资人来说十分重要**,因为只有这样才能使其判定自己在协商中所处的地位。收购方的收购意图通常分为以下几种。

①防御意图。无疑,如何收购被投资企业对收购方的生存发展至关重要,那么风险投资人在协议转让时的谈判地位就非常强大,当被投资企业是收购方某种商品或技术重要来源的时候,这种情况很可能会出现。还有一种极端情况是,收购方准备放弃其原有业务转而发展他认为是具有较大潜力的业务。第三种情况是收购方试图对其原有业务的季节性或周期性进行平衡。而被投资企业则恰好是符合这几种考虑的惟一最具前景的收购目标。然而,对潜在的收购方而言,收购的时间安排同样很重要。比如,收购方可能有一种"收购"被投资企业财务报表的紧迫需求,以便其合并报表能显示出收购方公司的成长性,从而给那些财务分析师们描绘出一幅增长前景图。因此,在开始收购协商之前尽可能地了解收购方在业务经营方面所面临的困难对风险投资人来说非常重要。

②经营意图。大多数收购都有某种经济合理性。收购被投资企业也许能够使收购方以最快的速度并承担较小的风险来弥补其产品线的不足,或者能够提供收购方所需的管理和研究开发技能以及新的市场领域。收购还能给收购方提供一条利用其剩余生产能力,获得学习曲线效益和将其营销和服务能力推广到更多产品种类的有效途径。对收购方而方,被投资企业还有可能是影响顾客购买其产品的主要竞争对手之一(如在家用电器领域),而通过收购就能减少这样的竞争对手并使其为收购方自己服务。

还有一个重要的考虑可能是**收购方具有足够的能力来利用其多余的现金来扶持一家高成长公司,反过来或者是被收购企业具备足够的现金来支持收购方的发展**。因为每一家公司在发展其业务时都必须考虑市场增长和其市场占有率。根据波士顿咨询公司(BCG)成长-份额矩阵分析,高增长(年增长率在15%以上)和高市场占有率(为位居其次的竞争对手的1.5倍以上)业务通常被称为"明星"(Star),并且是现金充足的收购者最理想的收购目标;低增长高市场占有率的业务被称为"金牛"(Cash Cows),对收购方来说,该业务产生的现金可以用来向明星业务提供融资;低增长低市场占有率业务则被称为"瘦狗"(Dogs),收购人通常对这类业务不感兴趣;而高增长低市场占有率的业务则被称为"野猫"(Wild Cats),只有收购方认为他可以利用其财务、营销或其他优势来提高市场份额时才会考虑收购。

③财务意图。财务方面的考虑之所以常常成为收购原因之一是因为收购对改善收购方的财务状态及评估价值会产生长期而深远的影响。虽然大多数公司认为他们支付较高的收购价格并不是为了在短期内提高每股收益（EPS），然而也有些公司只是希望在某一特定时期内（如2～3年）不使每股收益有任何的摊薄以和公司的高增长相适应，而并没有意识到：如果收购后通过对利润增长的预期能够提高公司营运效率的话，合并后公司的市盈率（P/E）将会提高。

虽然市盈率和利润增长率之间并不存在一种绝对公式化的关系，仍有许多人对此进行研究。事实上，一些在二者之间建立量化关系的模型在许多证券公司和金融机构中被用来挑选价值被低估的股票。在收购业务中，收购方常常用一定的市盈率来确定最高出价（即底价）。如果风险企业是一家高成长公司，收购方将以收购后头三年中年平均市盈率中的最高值来作为他的收购底价，这时风险投资人便应努力说服收购方考虑由于协同效益导致市盈率改善的可能性，从而争取更高一点的收购价格。

收购形象也是一个重要的考虑因素。例如，财务部门在考虑每股收益绝对值及其增长率的同时，也要考虑风险。如果收购方所从事的业务经不起风险，通过收购新的业务来减少利润波动，稳定增长率便可大大改善公司的形象。

财务方面另一项意图是利用税收结转扣减政策。有这种考虑的收购方通常寻求那些具有持续稳定盈利而不是高增长的企业作为收购目标。其感兴趣的是要在结转扣减政策期满失效前将其以前年度亏损额在被收购企业税前利润中得到扣减从而得到税收好处而不是被收购企业的业务。此外，还有其他方面的意图，如为了满足上市要求，或为了改善资产负债比率，或降低资金成本等。

风险投资人的谈判地位还取决于收购方是否具有格式化的挑选标准。很多情况下，收购方会向具有转让意向的各方提供一份关于收购标准的清单，内容可能包括：现任管理层必须留任；所属行业必须具有最低标准的市场容量和增长率；不存在任何可能导致反垄断的问题；目标公司必须有盈利；营业场所必须位于一国的某一特定地区等等。如果知道收购方的收购标准，风险投资人应确认一下被投资企业是否满足这些标准，如果不满足就应在开始下一步讨论之前终止本次收购。

(3) 交易方式

收购的交易方式通常有三种：一是用现金收购，二是用股票收购，三是用现金和股票混合收购。

①现金收购。即收购方用现金收购风险投资人持有的风险企业的全部或部分股权。现金收购最大的优点是即付即清，估价简单易懂。对收购方来说，现金收购虽然不会使其原有股东的权益得到稀释，但需要收购方有充足的现金。而对风险投资人来说，现金收购虽然会使收购价格相对降低，但交易金额确定，不必像股票收购那样要承担证券风险，也不受收购方业绩的影响，同时还可以将风险投资迅速变现并将投资收益分配给基金的有限合伙人，因此**现金收购是风险投资最欢迎的一种交易方式**。

②股票收购。即收购方通过增发自己公司股票来交换风险投资人在风险企业中的股权。股票收购的最大特点是收购方不用支付任何现金即可完成对风险企业的收购。对收购方来说，股票收购对其自身的现金流不产生任何影响，但其原有股东的权益得到了稀释。而对风险投资人而言，股票收购的收购价格可能要比现金收购高一些，但其投资变现还需一段时间（对上市股票可以直接出售，对未上市股票，可以出售给商业银行变现），而且变现价值受到收购方业绩和市场波动的影响。此外，用股票收购还需要对收购方股票进行估值，需要协商确定交换比率，耗时长，监管层次多，不符合风险投资人将投资迅速变现退出的要求。

③混合收购。即收购方以现金、票据和股票的混合组合来交换风险投资人持有的风险企业的股权。**混合收购的最大特点是灵活性大，但交易结构安排相对比较复杂**。混合收购对风险投资人和收购方各自的优缺点介于现金收购与股票收购之间。

(4) 会计方面的考虑

公司兼并与收购采取的会计方法通常有"合并法"和"购买法"两种。

合并法是基于通过交换普通股股票，收购方持有被收购企业的普通股从而取得控制权时所适用的会计方法。采用合并法的前提是通过股票收

购,收购方和被收购企业成为一个联合实体,存在控制与被控制关系,因而需要编制合并报表。在合并法下,被收购企业的股东(包括风险投资人)放弃了原来的股份而成为收购方的股东,但收购方和被收购企业仍各自保留独立运营,原管理层也一般不作变动,变化的只是法律实质而非经营实质。按照合并法,在并表时,按一般合并报表原则,将参与并表各方的资产、负债、收入和费用按账面价值相加并经调整后形成。其中收购方对被收购企业的投资应以其换得的被收购企业的股票的面值计价,收购方按账面登记换股差额调整公司股东权益。此外,在合并法下,按照可比原则和历史追溯原则,以前年度的公司财务报表和财务信息都应以合并后的公司为基准重新表述以便提供比较信息。

适用合并法需要符合一定的准则,按照规定,凡是不符合合并法准则的交易均应适用购买法。基本合并法准则如下:

- 收购方发行有完全投票权的普通股用于交换被收购企业90%以上的普通股;
- 交易结束时与股票发行或支付有关的事项都必须全部结束,而不能存在任何或有事项或未执行条款;
- 每一个投票股东都应按比例收到一定数量的股票;
- 收购前收购方或被收购企业持有对方股份均不得超过10%;
- 在合并前收购方和被收购企业均必须独立运营,而且最近两年不应同是第三家公司的附属公司或分支机构;
- 收购计划必须在动议后的一年之内完成除非延误不在收购双方的控制范围之内;
- 从协议并购到并购结束期间任何一方都不准改变股权结构;
- 合并双方任何一方以往从事的股票收购事项均可能妨碍应用合并法;
- 收购方不可以同意回购在交易中已经发行给任何股东的股票,也不可以制定其他相关财务安排。
- 合并后的公司不准同意回购本次发行的影响合并的普通股。

购买法是适用于收购方通过现金收购被收购企业部分股份并取得一定控制权的会计方法。在购买法下,收购被看作是对单独的资产和负债的收购，而非经营中的企业，因此被收购企业经核实的资产和负债均应按购买的公平价格重新计价（其中资产按合理市值估值，负债按偿还金额的贴现值估值），从而可以按公平市价重新确定被收购企业净资产值。按照购买法，收购方计算成本应按历史成本原则以股权取得日的公平价值对被收购企业经核实的资产和负债重新登记账面金额，其中收购价格和收购净资产公平价值之差作为无形资产入账。

3. 偿付协议：候补性质的退出方式

偿付协议通常是一种候补性质的退出方式，并往往在风险投资不太成功的时候使用，这是风险投资人和被投资企业都不愿意看到的情况。

偿付协议是一种用以帮助投资人把他对风险企业的投资变现的一项合约保证。偿付协议在企业家和投资人签订的风险投资协议中通常表现为某些条款。使用偿付协议在风险投资中是很普遍的事情，尤其是当投资人对被投资企业是否能够将其股份在公开市场上顺利出售（如公开上市）不确定时。由于事实上很多风险投资并不像创业企业家有其业务计划书中所预计的那么成功，因此，对风险投资人而言，签订和执行偿付协议就变得非常重要了。

偿付协议一般包括以下内容。

①回购条款。按照该条款风险投资人可以强迫被投资企业按议定的价格回购投资人手中的股份。

②买卖契约。据此，风险投资人可以强迫被投资企业管理层或者回购投资人股份或者将其股份卖给投资人。执行该契约通常会使风险投资人变现投资变得容易一些，即使管理层选择卖出股份时也是如此，这是因为卖出一个公司的控股权益通常比卖出少数股东权益要容易一些（少数股东权益多为外部投资人所持有）。

安排可转换债也是提高变现能力的一种方式。当被投资企业的预期前景不好时，可转换债便能使投资人尽可能减少损失，企业家通过给予风险投资人不把其持有的债券转为被投资企业普通股的选择权来达到这一点。如果被投资企业经营不善，风险投资人将债券转换为普通股卖出就得不到"理想回报"，他们便可以选择放弃把债券转为公司股份，而仍按原来约定

条件收取本息。这样，一旦企业清算或破产，风险投资人在权益保障方面就比管理层（通常持有普通股）和其他股权投资人具有优先权。

　　要求登记权也是偿付协议的一种形式，依据该项权利，风险投资人可以要求被投资企业将投资人持有的股份公开登记出售。安排无担保债券和本票作为融资结构的一部分也可增加投资的变现能力，因为这些金融工具使得风险投资人可以债务回报的方式（无需承担税负）收回部分投资。总之，任何有助于风险投资人更容易地收回投资的协议都可构成偿付协议的一部分。

第八章

对风险投资项目和目标企业的评估

　　对风险投资项目进行评估时,对风险投资项目入资成本或股本额的确定,成为对风险投资项目评估的关键因素,因为从被投资的风险投资项目来说,适当的融资成本或扩股价格,不仅关系到该项目的资金需求、股份比例(董事会人员比例)、负债比例和资金流动性等事关该项目经营和财务的诸多方面,而且在其上市和出让时,关系到其资产收益率或每股盈利、市盈率、发行或转让价格等关系该项目发展和风险投资资金退出等后续方面;而对出资者来说,只要合适入资成本/股本额,才能保证其投资的回收和高投资收益的实现。

一、风险投资项目评估的理论基础

风险投资项目评估借鉴现金流量模型的思想计算风险投资项目的投资回报和入资成本,应用资产定价理论(CAPM)建立模型来确定净现金流量模型中包含风险因素在内的综合贴现利率,从而能准确客观地评估及确定风险投资项目入资成本或股本额,为风险投资项目的量比评估提供依据,为风险企业募集资金和风险投资家投入资本提供参考。

1. 投资项目的收入流量

投资实质是在一定时间内期望在未来能产生收益而将现有资金变换为资产的过程。按照西方经济学的通常定义,资产是指由企业或个人拥有并具有价值的有形的财产或无形的权利。在项目投资中,这种资产表现为有形的财产;而在证券投资中,这种资产表现为无形的权利。资产之所以具有价值,或者是由于它是未来事业的源泉,或者是由于它可以用于取得未来利益。这个定义给出了有关资产的两个基本概念。第一个概念是资产所具有的"价值",这个价值是指某一种货物在市场上所表现的价格;第二个概念是资产能够作为"未来事业的源泉"和"用于取得未来的利益",在西方经济学中,这个"源泉"和"利益"被统称为"收入"。

收入和价值是完全不同的概念。收入是相对某一段时间而言,即一段时间内每单位时间获得的多少,是一个流量概念;而价值则是相对于某一时点而言,即在某一时刻保持了多少的问题,因而是一个存量。

收入贯穿于整个时期而不停留于某一个具体的时点。例如一周内、一月内、一年内、10年内的收入。它的表现形式是某期间单位时间获得多少数额,因而又称为收入流量;而当收入表现为现金时,则被称为现金流量。可见,收入流量可以用某阶段每单位时间有多少来表示,如10年内每年收入2000元钱,如果每个单位时间的数量不同,也可以用某阶段第一单位时间有多少、第二单位时间有多少来表示。例如10年内第一年收入1000元,第二年1500元,第三年3000元等等。

价值是一个存量概念，它是指某种资产在某一时点上的价格。由于资产对其所有者来讲，代表着一定时间内获得未来收入的源泉或权利。因此，资产购买人在购买某种资产时，总是要求该资产能带来的未来收入流量应至少大于他在购买时付出的价款；同样，项目投资人在投资于某一项目时，总是要求该项目所带来的未来收入流量应至少大于他在投资时所付出的价款。这样，一个投资项目的价值便体现在人们愿意为获得该项目的收入流量而付出的价格。项目能够产生的收入流量越大，其价值便越大，反之，价值便越小。可见，投资项目的价值首先取决于它所能带来的货币收入流量。但由于这个收入流量是未来的，尚未实现的，因而它具有两个特殊性质：一是它的时间性，另一个是它的不确定性。

对于项目投资人而言，他投资于某项目，实际上是把自己今天的现有资金使用权在一段时间内让渡给别人，以期获得未来收入。如果投资于某项目花了10万元钱，而该项目在一年内给投资人带来的现金流量也是10万元钱，这个投资人就等于把这10万元钱白白地让别人使用了一年，在市场经济条件下，没有人会这样做。所有的项目投资人都会要求所投资的项目能够带来比其投资款要多的货币收入流量。在所有投资人眼中，未来的10万元钱绝对抵不上今天的10万元钱。这样，未来的10万元钱和今天的10万元钱之间便形成一个差额。也就是说，代表投资项目未来收入流量的货币额起码等于投资于该项目的价款加上今天的货币和明天的等额货币之间的差额。这个差额就是项目投资人为推迟使用自己的货币而要求的时间补偿。投资项目的期限越长，购买人要求的时间补偿也越大，这就是投资项目收入流量的时间性因素特征。

另一方面，投资项目的收入流量还具有不确定性。当项目投资人投资于某项目时，在市场经济条件下该项目能否成功，是否获得预计的收入流量事先是无法准确判定的。各种经济因素、政治因素、社会因素以至自然界的不可抗因素都可能影响项目投资的成败和收益水平。这就是所谓的投资风险。项目投资人承担投资风险并不是无条件的，他要求所投资的项目能带来一定的报酬，以此作为承担风险的补偿。当然，这部分报酬不用另行支付，而是像时间补偿一样从投资项目的收入流量中扣除，这个扣除额叫做风险补偿。投资项目的风险越大，投资人要求的风险补偿也越大，这

就是投资项目收入流量的风险性因素特征。

可见,**投资项目的价值是在已知或预期未来收入流量的基础上,用从该收入流量中扣除时间补偿额和风险补偿额的方法来计算的**。换句话说,在未来收入流量已知或预期的条件下,投资项目的价值主要取决于其收入流量的时间因素和不确定因素。

2. 资金的时间价值

资金的时间价值,是指随时间的推移,投入周转、使用的资金的价值发生增值,这种增值的能力或数额,就是资金的时间价值。货币作为一般等价物,本身不能创造价值,不可能自行增值,它只有转化为资本,投入到生产经营过程中,才能增值。因此,货币的时间价值来源于人们的劳动,是利润的转化形式,它表明资金的使用受时间的影响。**资金的时间价值,不仅要考虑其存在的数量,还要考虑这个数量存在的时间**。

资金的时间价值表明,在不同时点上对投资项目所投入的费用及其产生的收益,它们的价值是不同的。为了获得经济效果的正确评价,必须把不同时点的金额换算成同一时点的金额。然后在相同基础上比较。这是方案比较的重要条件。资金时间价值的换算方法,与利息的计算方法完全相同,因为利息正是资金时间价值的一种表现形式。

3. 项目投资的收益和风险

当存在不确定性时,项目投资决策者的决策就具有风险。不确定性和风险有联系但又是两个不同的概念。不确定性指事件发生的或然性。直观上很容易理解一件事情可能出现的结果越多,这件事情就越具有不确定性;结果越不明确(概率分布越分散),不确定性就越大。当一项决策在不确定条件下进行而具有的风险性的含义是:从事后的角度看,事前作出的决策不是最优的,甚至是有损失的。即投资活动会给投资者带来正收益,同样也会给投资者带来负收益,这两种收益的代数和就是投资活动的净收益。所以,风险可以粗略地定义为从事后角度看由于不确定性因素而造成的决策损失。

项目投资者的目标就是使自己的投资活动的净收益达到最大化。为了

第八章 对风险投资项目和目标企业的评估

实现这一目标,在投资风险水平一定时,投资者应寻找使收益最大化的投资项目;当投资收益水平一定时,投资者应寻找风险最小的投资项目。投资的收益和风险在很大程度上要受商品供求市场、金融供求市场机制的作用。投资者面对市场的变化,根据企业的投资目标以及各自的收益,风险偏好,适当选择投资方案,以实现净收益的最大化。

(1) 投资的收益

为了进行项目投资收益,投资者必须对项目投资的收益作出估计和衡量。投资的目标收益率一般用如下方法确定。

首先,资金成本是评价投资项目可行性的主要经济标准,表明了此投资项目应取得的最低投资收益率。任何一个项目,必须实现这一最低收益率,用以补偿企业使用资金需偿付的资金成本。故在实际投资活动中,常把资金成本率作为衡量项目投资效益的最低标准,凡低于这一水平的,则在经济上被认为是不可行的。而资金成本包括时间价值和风险价值,同时还要受市场供求关系的影响。

设项目投资资金的筹集主要来源于两个方面:银行贷款和企业自筹(包括发行的股票、债券和企业税后利润等)。借贷资金在投资中所占的比例为 m,贷款年利率为 i;企业自有资金在投资中的比例为 $1-M$,企业自有资金的年利率为 R,一般 $R > I$。这样,该投资项目的资金成本率 $V_1 = MI + (1-M)R$。其次,当考虑税收因素时 I 是固定的,无所谓税前、税后,而 r 则要求税后的利率。由于 i 和 r 的要求不同,要考虑到借贷债务是免交所得税的,若所得税率为 p,则企业在付出 mi 的债务利息的同时,有一笔 pmi 的免税收入。这样,按税率调整要求的税后收益率 $V_2 < V_1$,即 $V_2 = V_1 - PMI = MI + (1-M)R - PMI$ 这就说明,保证投资项目达到 V_1 所提出的获利要求,税后才能有 V_2 的收益率。由此推出,税前要求的收益率 V_3 为:

$$V_3 = \frac{V_2}{1-P} = \frac{MI + (1-M)R - PMI}{1-P} = MI + \frac{(1-M)R}{1-P}$$

可见 V_1、V_2、V_3 一般是不同的,它们彼此之间的关系与投资结构 M、利率 I 和税率 P 有关。

最后,确定项目投资的目标收益率的经验公式为:

$V = V_1 + 5\% \sim 10\%$

其中 V 为所确定的目标收益率。

或者，用同行业历史上平均水平的收益率，作为该项目投资的目标收益率。

(2) 投资的风险

①造成投资风险的影响因素。造成投资风险的影响因素很多，其主要因素有以下几种。

a. 物价变动。在市场经济的条件下，由于价值规律的作用，货币资金的价值通常随着时间的推移而降低，也就是说，物价总的趋势是上涨的。从某种意义上讲，它是造成投资风险的主要因素。

b. 科技进步引起的技术装备、生产工艺的变革。在投资活动有效期内，由于科技的进步，技术装备和生产工艺出现了不少新的成果，这将使按项目投资期初时估计的科技水平和设计的生产工艺发生很大变化，甚至有被淘汰的趋势和可能，因而造成了严重的投资风险。

c. 政府政策和规定的变更。这种变更，投资者有时很难预测，因而造成投资风险。

d. 市场的变化。市场的变化对可行性研究过程中所设想的生产能力、销售市场、原材料供应及筹资等方面的预测带来困难，造成了投资风险。

e. 建设资金的不足和工期延长。上述因素的变化是不可预测的，它们的出现将影响到投资项目的规模、经营成本和各种收益的变化，造成了投资风险。

②投资风险的种类。造成项目投资风险的种类包括以下几类。

a. 利率风险。利率风险是指由于市场利率水平的变动而引起的投资实际收益率偏离预期收益率的可能性。一般来说，项目投资属于长期投资，而在利率变动幅度相同时，长期投资的利率风险大于短期投资的利率风险。

b. 购买力风险。投资活动的名义收益中包含着真实收益和通货膨胀补偿。当发生非预期的通货膨胀时，投资活动的实际收益就会偏离预期收益，就会造成投资收益的实际购买力偏离预期购买力的现象，这就是购买力风险。

c. 市场风险。它是指由于市场行情变动引起投资实际收益率偏离预期收益率的可能性。

d. 经营风险。经营风险是指由于投资项目在经营管理方面的原因而使投资者的实际收益率偏离预期收益率的可能性。

e. 违约风险。它是指投资项目的经营者因财务状况不佳而违约和破产时，投资者的实际收益率偏离预期收益率的可能性。

f. 流动性风险。任何资产若能在短期内卖掉并转换成现金，那么我们就认为该资产有较高的流动性。**由于项目投资的有形资产一般都有较低的流动性，流动性风险就是指这些资产在变现过程中遭受损失的可能性。**

上述六种风险还可分为系统性风险与非系统性风险。系统性风险，又称不可分散风险。它是指由于社会、政治、经济等全局性事件引起的投资收益率变动的可能性。这种风险包括利率、购买力、市场等风险。非系统风险，又称可分散风险。它是指非全局性事件引起的投资收益率变动的可能性。这种风险只会造成一家公司的风险，是由于自身因素引起的，不会导致与其无关的公司具有风险。这种风险包括经营风险、违约风险等。

二、风险投资项目评估的模式

1. 风险投资项目中现金流量的确定

对风险投资项目现金流的分析，可以用来评估风险投资项目的资产流动性和财务弹性，并用来预测未来的收入或现金流量，以便计算在测算期内的净现值（NPV）、投资回收期或内部收益率。

现金流量（Cash-Flow）是指企业现金流入和流出的数量。企业进行正常的生产经营会引起目前现金流量的变化，而企业进行长期投资时，则会引起未来一定时期内的现金流量的变化。增加资本，增加负债和减少非现金资产，会引起现金流入；减少资本，减少负债和增加非现金资产，会引起现金流出。一定时期内现金流入量减去包括税金在内的现金流出量以后的差额,称为净现金流量(Net Cash-Flow,缩写为 NCF),有时也称为税后现金流量(Cash-Flow After Taxes,缩写为 CFAT)。

现金流量的计算有两种表述方法,第一种是按现金流量发生的时间来表述,第二种是按现金的流入、流出来表述。

①按现金流量发生的时间来表述。按现金流量发生的时间,可把现金流量划分为如下三个部分。

a. 初始现金流量。初始现金流量是指开始投资时发生的现金流量,一般包括如下几个部分:(a)固定资产上的投资。包括固定资产的购入或建造成本、运输成本和安装成本等。(b)流动资产上的投资。包括需要增加的材料、在产品、产成品和现金等流动资产上的投资。(c)其他投资费用。指与长期投资有关的职工培训费、谈判费、注册费用等。(d)原有固定资产的变价收入。这主要是指固定资产更新时原有固定资产的变卖所取得的现金收入。

b. 营业现金流量。营业现金流量是指投资项目投入使用后,在其寿命周期内由于生产经营所带来的现金流入和流出的数量。这种现金流量一般以年为单位进行计算。这里现金流入一般是指营业现金收入。现金支出是指营业现金支出和交纳的税金。如果一个投资项目的每年销售收入等于营业现金收入,付现成本(指不包括折旧的成本)等于营业现金支出,那么,年营业净现金流量可用下列公式计算:

每年净现金流量(NCF)=每年营业收入-付现成本-所得税

或

每年净现金流量(NCF)=净利+折旧

c. 终结现金流量。终结现金流量是指投资项目完结时所发生的现金流量,主要包括:固定资产的残值收入或变价收入;原有垫支在各种流动资产上的资金的收回;停止使用的土地的变价收入。

②按现金的流入、流出来表述。资产转换循环理论表明,一家持续经营的企业既要保持正常的经营循环,又要保持有效的资本循环;在上述一个循环的不同阶段和不同的循环中,企业现金流量的特征不同,往往会出现现金流量的时间差和数量差,此时,该企业就需要对外融资。

由此得出如下净现金流量(NCF)的表示公式:

NCF = 经营活动的现金净流量 + 投资活动的现金净流量
　　　+ 融资活动的现金净流量

$$\frac{经营活动的}{现金净流量} = \frac{净收益 + 折旧摊销 + \triangle 应付账款 + \triangle 应付费用}{+ \triangle 应付税金 - \triangle 应收账款 - \triangle 存货 - \triangle 预付费用}$$

$$\frac{投资活动的}{现金净流量} = \triangle 固定资产 + \triangle 投资 + \triangle 无形资产$$

$$\frac{融资活动的}{现金净流量} = \triangle 长期负债 + \triangle 短期借款 + \triangle 股东权益$$

上述△变动值以现金增加为正（+），其中△固定资产、△投资和△无形资产的变动值以流出为正（+）。

2. 包含风险因素在内的综合贴现利率的确定

在建立了上述现金流量模型后，根据风险投资项目的特点，需要选择和确定能够正确反映项目风险的贴现率（Discount Rate），并使用这一贴现率计算项目的投资收益、净现值和投资回收期。

（1）资产定价模型

资产定价模型（CAPM模型）是在项目评估中被广泛接受和使用的一种确定项目贴现率的方法。资产定价模型（CAPM模型）具有以下含义：

●投资者要求的必要报酬率部分地决定于无风险利率；

●投资证券的收益率与市场总体收益期望之间的相关程度对于必要报酬率有显著影响；

●任何投资者都不可能回避市场的系统风险；

●谋求较高的收益必须承担较大的风险，这种权衡取决于投资者的期望效用。

显然，CAPM与一般的投资分析存在许多共同点。如将上述思想加以推广，完全适用于一般项目投资中市场、风险与收益之间的关系，可以认为其适用范围是广泛的。优点则在于其方法论涉及到传统投资评估方法未涉及到的领域，评价投资风险的功能是其主要特点之一。

根据CAPM模型，投资者在做出投资决策时，只需考虑项目的系统性风险。即该项目与资本市场上其他投资机会相比较所具有的带有共性的风险,以及由于承担这种项目风险而应该得到的收益。一个具体项目的投资收益率可以表示以下公式:

$$R_i = R_f + 风险收益率$$
$$= R_f + \beta_i \times (R_m - R_f)$$

式中,R_i——在给定风险水平 β 条件下项目 i 的合理预期投资收益率,也即项目 i 的风险校正贴现率;R_f——无风险投资收益率;β_i——项目 i 的风险矫正系数,代表该项目对资本市场系统风险变化的敏感程度;R_m——资本市场的平均投资收益率。

将上公式风险较正贴现率 R_i 带入下面的项目现金流量净现值的计算公式中,

$$NPV = \sum_{t=1}^{n} \frac{C_t}{(1+k)^t} - I$$

我们就可以得到考虑了项目具体风险因素之后的项目净现值公式:

$$NPV = \sum_{t=1}^{n} \frac{C_t}{[1 + R_f + \beta_i \times (R_m - R_f)]^t} - I$$

式中,NPV——项目在 n 年经济生命期内的净现值;C_t——第 t 年项目的净现金流量(NPV);I——项目初始投资;t——项目的经济生命期的年数;k——贴现率。

在这里,为了简化分析,我们做了两个假设:①无风险投资收益率(R_f)和资本市场平均投资收益率(R_m)在项目的经济生命期中保持不变;②风险校正系数 β 在同一时间段内也保持不变。

按照上述公式计算,如果 NPV≥0,说明项目投资者在预期的项目经济生命期中至少可以获 R_i 的平均收益,项目收益将大于或等于投资的机会成本;如果 NPV<0,说明该项目投资的机会成本过高。换句话说,即在资本市场上投资者承担同样的风险可以投资在其他项目而获得更高的投资收益。除非投资者有其他战略上的需要,否则收益率低于 R_i 的投资是不值得考虑的。

运用 CAPM 模型计算项目的合理资金成本为决策提供定量的依据时,

共有4个步骤：

● 根据所要投资项目的性质和规模，在资本市场上寻找相同或类似性质的公司资料来确定项目的风险校正系数 β 值；

● 根据 CAPM 模型计算投资者股本资金的机会成本；

● 根据各种可能的债务资金的有效性和成本，估算项目的债务资金成本；

● 将以上两种资金成本加权平均即可以计算出项目投资的综合成本，也即确定了项目的风险校正贴现率 R_i。

（2）CAPM 模型参数值的确定

①无风险投资收益率 R_f。是指在资本市场上可以获得的风险极低的投资机会的收益率，一般认为各种类型的政府债券是这种投资机会的典型代表。然而，由于各种政府债券的利率随着发行时的资本市场情况以及期限的长短而变化，因此，通常的做法是在资本市场上选择与项目预期经济生命期相近的政府债券的收益率作为无风险投资收益率 R_f 的参考值。在项目融资中，R_f 也经常被用来作为项目风险承受能力下限的指标。

根据利息的构成原理，由于名义利息率由三部分构成：实际报酬率（Real rate of Return）或实际利息率（Real rate of Interest）K，风险报酬（Default Pisk Premium）DP 和通货膨胀贴水（Inflation Premium）IP。名义利率 K′ 的计算公式为：

$$K' = K + DP + IP$$

式中，K′——名义利率；K——实际利息率；DP——风险报酬；IP——通货膨胀贴水。

实际报酬率由资金的供给与需求状况决定。风险报酬是对不能偿付的风险加以补偿的额外报酬。风险越大，这部分报酬越高，资金需要者支付的风险补偿也就越多；反之，风险小，这部分报酬就小。通货膨胀贴水，是由预期的通货膨胀来决定的。预期的通货膨胀率越高，这部分贴水也就越高，资金需要者就要支付较高的利息；预期的通货膨胀率较低，则这部分补偿也比较低。

对于国债来说，由于不能偿付的风险极小，因此可以不考虑风险报酬，这样，根据以上公式，国债的利率构成如下：

$K' = K + IP$

按照上述公式，根据我国的5年期和3年期国债的名义利率，剔除时间价值因素，就能推算出国债的实际利率和今后各年平均的通货膨胀率，由此就可以计算出相当于项目预期经济生命期年数国债的名义利率，以此作为无风险投资收益率 R_f。

② 资本市场平均投资收益率 R_m。根据当代西方金融理论，资本市场的充分竞争性和有效性以及投资者追求最大投资收益的动机决定了资本市场具有一个均衡的投资收益率。如果某个领域的投资收益率高于均衡投资收益率，投资者就会涌入这一领域，其结果必然迫使该领域的投资收益率回到平均的水平；反之，如果某个领域的投资收益率长期低于均衡投资收益率，一部分投资者也会从该领域自愿或不自愿地撤出，由于供应的减少和竞争的减少，其结果也必然是促使该领域的投资收益率回升到平均的水平。然而，在实践上几乎没有可能计算出资本市场投资收益率的均衡点。因此，在资本市场相对发达的工业国家通常以股票价格指数替代均衡投资收益率作为 CAPM 模型的平均投资收益率 R_m。因为股票价格指数的收益率变动剧烈，所以实际计算中采用一个较长的时间段（一般为10年）内的平均股票价格指数收益来作为 R_m 的参考值。但是，这里仍然存在一个问题，即 R_f 的估值反映的是对未来收益的预期，而 R_m 的估值则代表的是过去某阶段中的平均收益率，两者不匹配，因而有可能出现 $(R_m - R_f) < 0$ 的情况。为了解决这一问题，一种办法是在一个较长的时间区域内计算 $(R_m - R_f)$ 值，最后取得一个平均数值来替代对 R_m 的单独估值。

③ 风险校正系数 β。风险校正系数 β 的估值最为困难，争论也比较大。目前通用方法是根据资本市场上已有的同一种工业部门内相近似公司的系统性风险的 β 值作为将要投资项目（分析对象）的风险校正系数。

理论上，在资本市场上对某一个公司的系统性风险进行估值，可以按照数理统计的原理对该公司股票价格与资本市场整体运动趋势之间的相对应关系的历史数据（一般需要至少60个月以上的数据）加以统计回归作出相关曲线来完成，相关曲线的斜率就是该公司的风险校正系数 β。在资本市场相对发达的国家中，一些具有权威性的证券公司定期公布所有上市公司的 β

值以及各个工业部门的平均 β 值,提供给投资者作为参考。

表 8-1 是公布的美国一些工业部门的风险校正系数 β。β 值越高,表明该工业部门在经济发生波动时风险性越大。

表 8-1　　　　　　　　一些工业部门的 β 值

部　　门	β	部　　门	β
生物工程	1.61	纺织工业	0.82
电子元器件	1.49	零售食品杂货业	0.76
原油、天然气	1.07	航空运输	0.75
百货零售	0.95	钢铁工业	0.66
石油冶炼	0.88	铁路运输	0.61
化工产品	0.84	天然气	0.52
食品工业	0.83	电话公司	0.50
公路运输	0.83	电力工业	0.46

在资本市场上对某一个公司的系统性风险进行估值可采用以下方法。

由于任何投资项目或投资组合都是投资市场总体的一个组成部分,因此当影响投资市场波动的各种因素发生波动时,在投资市场总体收益率发生变动的同时,某种投资或投资组合的收益率也会随之变动,差别仅在于变动的程度不同。β 系数就是基于这一原理,用个别项目投资收益变动与整个市场收益率变动的关系来表示投资风险。β 系数定义公式如下:

$$\beta = \frac{r - r_f}{r_m - r_f}$$

式中 r、r_m 分别为投资项目收益率与市场收益率,r_f 为投资项目无风险收益率或市场无风险收益率。

由此可见,**β 系数表明了投资项目收益率对市场平均收益率变化的反应敏感程度,因而系数 β 也称为投资收益率灵敏度**。投资收益率灵敏度越大,投资受市场变化因素的影响越大,投资的风险越大,投资收益率也越高。当 β 系数大于 1 时,投资项目风险大于市场平均风险;反之,当 β 系数小于 1 时,投资项目风险小于市场平均风险;当 β 系数等于 1 时,投资项目风险与市场平均风险相同。

根据系数的定义，投资收益率与市场收益的关系可以表示为公式如下：

$r = r_f + \beta(r_m - r_f)$

式中$(r_m - r_f)$为市场风险溢酬，而项目风险溢酬为$\beta(r_m - r_f)$。

假定投资收益率与市场收益率存在着线性相关关系，则投资收益率灵敏度系数可以用回归方程表示为公式如下：

$r = a + \beta r_m + \varepsilon$

上式中 a 为常数项，ε 为误差项，β 系数可以根据最小二乘法进行估计。

三、风险投资项目经济性评价与选择

下面，本书对应用上述经济性评价模型对多个备选项目进行比较分析，从中选择经济性指标最优可行方案的方法作进一步探讨。

如图 8-1 所示，纵坐标 R 代表投资项目的收益率，横坐标 σ 代表投资项目收益的标准方差，O 点为投资者已有的投资组合情况，其总的收益均值为 R_0，方差为 σ_0；R_f 为无风险利率。如有再项投资 A_1 和 A_2，在风险度相同的情况下，显然 A_1 的期望收益高于 A_2，也高于原来投资者的总体收益率水平，以收益率作为决策准则，舍收益率水平低于 R_0 的 A_2 项而取 A_1 是必然的。对于另外两项投资 A_3 和 A_4，A_3 的收益水平虽然不高于原来的投资组合水平，但风险较小，当然是可取的；A_4 不增加收益却承担较大

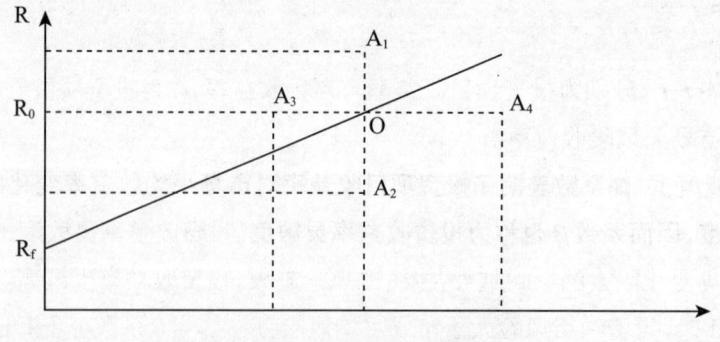

图 8-1 投资组合分析图

的风险，则难以接受。这种按 $R_0 - \sigma_0$ 进行效用比较的方式，即构成 CAPM 用于投资项目选择的基本思路。

当投资者以原有的投资（R_0，σ_0）作为基准值时，容易得到任一项目 i 是否可行的判别式，即

$$\frac{\overline{R}_i - R_f}{\beta_i} > \frac{\overline{R}_0 - R_f}{\beta_0}$$

项目 i 为可行方案，反之则不可行。式中 R_i 为项目 i 的平均收益率，β_0、β_1 分别为原有投资组合及备选项目 i 的风险校正指数。

在项目选择中，若得出项目 A_1 和 A_2 两备选项目在市场状况 Z_1，Z_2，……，Z_n 条件下的项目收益率 r_{A1}，1，r_{A1}，2，……，r_{A1}，n 及 r_{A2}，1，r_{A2}，2，……，r_{A2}，n，并已得到各状态条件下的概率值 P_z、无风险利率值和市场收益期望值如表 8-2，则可根据下弄公式计算出 β_{A1} 和 β_{A2}。

$$\beta_{A1} = \frac{\sum_{j=1}^{n} P_{Zj}(r_{A1j} - \overline{R}_{A1})(r_{mj} - \overline{R}_m)}{\sum_{j=1}^{n} P_{Zj}(r_{mj} - \overline{R}_m)^2}$$

$$\beta_{A2} = \frac{\sum_{j=1}^{n} P_{Zj}(r_{A2j} - \overline{R}_{A2})(r_{mj} - \overline{R}_3)}{\sum_{j=1}^{n} P_{Zj}(r_{mj} - \overline{R}_m)^2}$$

表 8-2　　　　　　　　多个备选方案收益率的计算

状态 Z	概率值 P_z	无风险利率 R_f	市场收益期望 R_m	项目 A_1 的收益率 R_{A1}	项目 A_2 的收益率 R_{A2}
1	P_{Z1}	r_{f1}	r_{m1}	r_{A1}，1	r_{A2}，1
2	P_{Z2}	r_{f2}	r_{m2}	r_{A1}，2	r_{A2}，2
…					
…					
n	P_{Zn}	r_{fn}	r_{mn}	r_{A1}，n	r_{A2}，n
数学期望		$\overline{R}_f$	$\overline{R}_m$	$\overline{R}_{A1}$	$\overline{R}_{A2}$

于是根据上述两公司公式得出计算必要报酬率 $\overline{R}^*_{A1}$ 和 $\overline{R}_{A2}$ 的公式。

$$\overline{R}^*_{A1} = \overline{R}_f + (\overline{R}_m - \overline{R}_f)\beta_{A1}$$

$$\overset{*}{R}_{A2} = \overline{R}_f + (\overline{R}_m - \overline{R}_f)\beta_{A2}$$

比较 $\overset{*}{R}_{A1}$ 与 $\overline{R}_{A1}$、$\overset{*}{R}_{A2}$ 与 $\overline{R}_{A2}$ 即可判断项目的可行性。应用上述模型对风险投资项目进行经济性评价的约束条件如下：

- 投资者对准备进入的目标企业的风险存在较大的不确定性；
- 投资者要求的必要报酬率部分地决定于无风险利率；
- 投资者谋求获得比该行业平均利润率更高的竞争优势；
- 投资该行业证券的收益率与市场总体收益期望之间的相关程度对于必要报酬率有显著影响；
- 任何投资者都不可能回避市场的系统风险；
- 投资者有选择投资于该行业的证券还是对该行业进行直接投资的自由；
- 投资者希望在未来该企业成长的某一阶段，能够使该企业符合某一公开资本市场的上市条件并将其推向公开的资本市场；
- 谋求较高的收益必须承担较大的风险，这种权衡取决于投资者的期望效用；
- 投资者可以选择投资组合的模式。

因此，在应用本风险投资经济性评价模型时，应对投资项目及资本市场进行充分考察，了解各种确定因素和风险因素，以减少不确定性因素；同时列出符合投资者期望和受客观条件限制的约束条件，在此基础上收集各类基础数据，并引入本模型进行评价。

四、风险投资家对目标企业的评估

并不是所有处于发展阶段的企业都可以获得风险资本的注入，通常风险投资家按照各种标准来衡量风险企业，从而灵活地确定所要投资的企业。由于风险投资是一种高投入高回报的特殊投资方式，因此风险投资家除了衡量企业的技术风险和市场风险以外，风险投资家更看中是创业者以及创业者所领导的研究和开发管理团队。就像房地产商进行房地产投资时非常重视房地产所在的位置一样，风险投资家重视的是开发的项目和企业的"人"。

根据世界风险投资的经验，二流的技术与一流的人才比一流的技术与二流的人才更容易获得成功。IDG总裁麦戈文认为，技术产业要想在一个国家成功，需要具备三个要素：第一要有一个很大的、有潜力的市场及一个资金市场；第二是有一批在高技术方面有潜在才能，有献身精神和创业精神的人；第三要有支持这个投资环境的基础设施，有政府的支持以及法制等方面的支持。这样才能使技术产业的投资取得成功。

因此，风险投资家一般从创业家、研究和开发团队、项目所处的行业和企业持久的竞争优势三个方面来衡量风险企业。

1. 成功的风险创业家应该具有的素质

在风险投资家眼中，一个成功的创业家除了拥有一项创新独特的发明或者创意这样的实体以外，更重要的是要具备以下八种素质。

（1）忠诚正直

每个风险投资家都希望所合作的创业家具有忠诚正直的品质。尽管风险投资家认识到某些不忠诚的创业家只欺骗其他人而不欺骗自己，并且拼命地为自己赚钱，然而，绝大多数的风险投资家还是希望与忠诚正直的创业家合作。因为，他们深刻了解，一个不忠诚的人迟早也会对自己不忠诚。在这里，忠诚正直通常包括很多方面：正直，即创业家要讲真诚，对企业投资者胸怀坦荡；可信，即创业家在各种交易行为中是可以信赖的；守法，即创业家信守合同，遵纪守法；公平，即创业家奉行公平交易准则。

（2）学识渊博

成功的创业家不仅要接受良好教育，获得扎实的基础知识，而且还要有足够的实际操作经验，从而能够在实际生活中使自己已经获得的基础知识得到良好的改善，形成更加稳固的知识结构。成功的创业家不仅应该是一个能够在技术上领先的人才，而且应该具有一定的市场认知能力和预测能力，应该是一个具有各方面知识的通才。良好的教育背景、以往的成功

点石成金——企业风险投资的运作

和失败、过去从事的行业、在头脑中积累的促使自己获得成功的资信方面的信息,等等,都是使创业家达到学识渊博的知识源泉,同时这也是一个创业家成长过程中应该刻意地去培养和思考的问题。学识渊博的创业家会很快和风险投资家找到共同的话题,容易相互沟通。

(3) 创新能力

创业家在学识渊博的基础上,还要善于思考,善于倾听,善于与外界进行信息交换,从而头脑灵活地对每天获得的新信息进行高效地处理,并在这个过程中,使原来的状态获得改变,这就是创业家的创新能力。**只有具备创新能力的创业家才能够开发出新产品、寻找到新市场、掌握新技术,进而开拓一个崭新的世界**。而且创新能力还可以使创业家在遇到意外事件时,能够创造性地解决问题。1974年出现的阿塔里微型计算机仅用于娱乐,而后来出生于硅谷、没有念完大学的乔布斯和沃兹奈克在自己家的汽车库房里设计出个人计算机投放市场后,深受用户欢迎,其性能大大超过阿塔里微型计算机,经过风险投资家的帮助,公司越办越兴旺。1977年苹果Ⅱ型上市后,该公司销售额即达到250万美元,到1982年达到5.8亿美元。公司的创业家也随之在转眼之间变成了巨富。

(4) 执著精神

成功的创业家应该具有那种为了实现自己的既定目标而艰苦奋斗的执著精神。晶体管发明者之一威廉·肖克利在荣获1956年度诺贝尔奖金前为了自己的目标毅然离开美国最有威望的贝尔实验室,回到自己的故乡加利福尼亚州圣它克拉拉县帕罗阿图镇,与慕名随他而来的8位年轻人一起创建肖克利半导体实验室。这8位年轻人是R·诺伊斯、V·格里尼奇、J·霍尼、J·拉斯特、S·罗伯茨、G·摩尔、E·克莱纳和J·布兰克。

可是一年后,这8位年轻人离开了该实验室,创建起一家著名的风险企业——仙童公司,R·诺伊斯任总裁。这些年轻人经过自己的奋斗,都成了风险创业家和百万富翁。他做这些不仅是为了完成自己在技术上的执著,而且是本着一种对别人所投入的资金负责的态度努力赚钱,用金钱来衡量其个人的成就。

当创业家在风险投资家的资助下开展企业的各种活动时,他不能再将

第八章 ◆ 对风险投资项目和目标企业的评估

产品的研究和开发视为自己的一种兴趣和爱好，而是必须要在一定的期限内拿出相应的成果来为风险投资家投入的资金带来一定的回报。这一方面增加了创业家进行技术上的研究和开发的难度，另一方面也增加了产品对创业家所会产生的市场压力以及创业家的心理承受能力。在这种情况下，**如果创业家缺乏一定的执著精神，不仅不会完成产品的技术开发项目，而且不会为投资带来任何回报。**

（5）精力充沛

创业家不仅要实现自己确定的奋斗目标，而且还要完成投资计划规定的任务，必须通过艰苦的奋斗过程来达到这些目标，因此，如前所述，创业家必须拥有执著的精神，但是执著的精神必须建立在一定的基础之上，如健康的体魄和乐观的社会观、世界观，也就是说要精力充沛。

俗话说，身体是革命的本钱，如果失去了这样的根基，创业家即使有再好的想法也没有能力将它付诸于实施，而且风险投资家也不会认为一个连自己都无法照顾而且时刻需要别人来鼓励的创业家能够成功地创业。在这里，精力充沛还指的是脚踏实地地进行奋斗，那些不知天高地厚的空想家是不会受到风险投资家的欢迎的。

（6）肯于苦干

创业家一定要具有肯于苦干的精神，缺乏这种精神，即使创业家具有创新的能力以及天资过人的素质，也难以达到成功创业的目的。

美国硅谷中的风险企业国民半导体公司的副总经理雷伊·布兰特曾经得过一种罕见的血液病，住院期间，他进行了 24 小时静脉滴注治疗。但他离不开自己的创业公司，就说服医生让他出院，用一种特殊装置把静脉滴注瓶带在身边，不论是开会还是驾车上下班，都可以随时滴注。他说："只要我离开工作 6 个星期，等我回来时就会发现自己落后潮流太远了。"

美国的一家风险企业奥斯伯恩电脑公司的主要设计师之一李·费尔森斯坦是个计算机神童，他觉得工程设计充满了乐趣，他简直不想离开设计室去当个经理。他在奥斯伯恩电脑公司享有研究员的职称，就像苹果计算机公司的罗得·霍尔特享有"苹果研究员"、英特尔公司的马西安·豪夫享有"英特尔研究员"的称号一样。费尔森斯坦说："设计一台微电脑的印刷电路板有意思极了。当我们设计奥斯伯恩电脑时,有些日子我是日夜连轴转。在我看来,工具和玩具之间并没有多大区别。"

(7) 天资过人

风险投资家所看重的天资过人的创业家不是指那些从名牌大学里毕业的人,而是泛指所有的善于思考、善于逻辑推理、善于创新并能够根据事态的变化作出果断判断的人。

当然,拥有名牌大学的学位在一定程度上可以证明创业家具有一定的开发能力和知识基础,但这不是全部;在历史发展的过程中,很多成功的创业家并没有获得名牌大学的学位,有的甚至没有机会来读大学,但是他们都成功了,不仅创建了世界知名的企业,而且企业的发展影响着该国甚至全世界该行业的发展趋势。

他们共同拥有一种素质,那就是善于认识复杂的局面,通过综合分析,认识事务的本质,能够根据自己的知识和经验进行充分地分析,进而做出正确的判断和进行最优决策,来改善已有的局面,同时敢于承担必要的风险。

(8) 领导素质

如果一个创业家只是具有一定的研究和开发能力,而缺乏必要的领导素质的话,风险投资家也不会将自己的资金投给他。

目前,随着世界先进技术的发展,任何个人很难独自完成一项大型的技术开发,因此,进行研究和开发的过程中,通常会组成一定人员参加的开发团队。在这个团队中创业家不仅要能够和大家一起进行研究和开发,而且还要能够运用各种领导能力将所有的研究和开发团队的人员集结在一起来攻克难题。创业家要创立团队内部良好的交流沟通渠道,并不断协调合作过程中出现的各种问题,同时能够将项目或者企业的发展状况与风险投资家进行良好的沟通,能够把团队的要求及时地反映到风险投资家那里,争取得到更好的研究和开发条件。

创业家的领导能力还表现为有勇气承担整个公司的责任;走前人未走过的路且身处逆境时,有勇气承担并冲破阻碍;善于处理日常问题,敢于攀登前人未攀登过的高峰;为了追求更高目标,敢于修改既定计划,眼界开阔，不仅仅只热心于解决有利于自己的问题。总而言之，领导能力既表现为独立处理问题的能力，更表现为组织他人共同解决问题的能力。

2. 开发和管理团队的形成

创业家作为研究和开发团队的核心人物具有很强的代表性，但是风险投资家还要看整个开发与管理团队的素质，他们主要从团队人员本身具有的技术知识经验、整个团队的知识结构和搭配以及团队中互相合作和互相沟通的机制是否形成来进行衡量。通常风险投资家会根据团队成员的老练成熟程度、是否具有一定的创造力、是否具有责任感、是否具有领导技能和沟通能力等进行等级分类。

另外，**团队吸引、发展、培养和留住人才的能力也是风险投资家评价的重要依据。**

团队成员过去的业绩记录和在相关行业的经验是风险投资家衡量的标准之一。因为风险企业通常是一些新成立的企业甚至是处于研究和开发阶段的项目，所以风险投资家不可能根据企业的营业状况对风险企业进行衡量，同时这些新产品还没有在市场上出现过，更不可能根据产品的市场销售情况进行衡量。因此风险投资家对开发和管理团队素质的衡量，只能通过对该团队成员过去的业绩和在相关行业所取得的成果，以及对团队所开发产品的市场预测的结果来评价。

如果风险投资家要投资的风险企业的开发和管理团队是一个新生力量，他们也许只是刚刚从学校里毕业的学生或者在校生，那么风险投资家面临的风险就会比较大，但是这种类型的团队往往具有很强的创新能力。因此，风险投资家可以通过对团队成员的知识结构和他们艰苦奋斗的精神以及相互合作、相互协调的能力来进行评价。只要能够与风险投资家达成共识，并通过一些细微的事情体现出整个团队全面合作的面貌和集体观念，以及可让人信赖的高贵品质，那么风险企业也会得到风险投资家的青睐。

3. 持久的竞争优势

风险投资家所进行的投资并不是以控制股权为目的，而且风险投资家往往在企业发展到一定阶段之后将风险资本撤出，但是由于风险资本一般

点石成金——企业风险投资的运作

投入的对象是新成立的企业或者处于研究和开发阶段的项目,往往需要3~7年的时间,同时为了撤出资金时获得很好的回报,**风险投资家希望投资的对象能够具有持久的竞争能力,这也是保证企业以后能够获得高速增长的条件之一。**

在这个衡量过程中,风险投资家一般会考虑这些问题:

- 风险企业的产品或服务所处的行业是否具有远大的发展前景?
- 风险企业的产品或者服务的竞争优势有多强?维持这种竞争优势需要的投资水平是多少?
- 风险企业的市场定位是否独特和与众不同?
- 现有市场中是否存在与开发产品相竞争的企业?这些企业参与竞争的策略是怎样的?
- 风险企业在新产品研制成功以后是否有足够的办法来打入现有的分销渠道?
- 与其他的企业相比,风险企业的评估价值和价格是多少?
- 顾客对风险企业的产品将会产生什么样的反应?如果对风险企业的产品很满意,那么这种满意的状况会持续多长时间?
- 风险企业强大的销售势头是否能够持久?

1989年成立的中国科招高技术有限公司是由当时的国家科委、国防科工委通过下属的两家公司、招商局(北京)企业公司与招商局集团(香港)有限公司共同投资的一家中外合资企业。

该公司成立的目的就是为探索科技成果产业化的道路。公司经过10多年的发展,先后支持了60多项科技成果、发明、专利的转化工作,独资和合资成立了30家高新技术企业。

针对所投资的项目和企业,科招公司从自身成功的经验和遭遇的惨痛教训中总结了对项目投资的"六个不投""五个不放过""七个慎之又慎",对于那些要争取风险投资的创业企业来讲,具有一定的参考意义。

(1)"六个不投"

①项目的市场前景看不清,调研无结果,产品买家不落实的不能投;

②项目的技术成熟性、适用性、成套性的条件不具备或者遗留的技术

问题解决起来没有把握的不能投；

③项目的合作方法没有优势、信誉差的不能投；

④项目选不出德才兼备、能胜任的经理人员者不能投；

⑤项目在商品化、产业化过程中所必需的基本条件不落实或措施无保证者不能投；

⑥合作方对利润分配无强烈要求者不能投。

(2) "五个不放过"

①合作方有违反章程、合同、协议的言行不放过；

②经理班子有越权行为、自作主张、不执行董事会决议或偏袒某方股东利益者不放过；

③经理班子不团结、以权谋私、挥霍浪费、搞假大空，甚至有违法嫌疑者不放过；

④科招人员或外派经理不遵守公司纪律、玩忽职守，不执行董事会决议者不放过；

⑤对当地政府、部门违背国家法律、法规和公司章程、合同的干预、摊派、侵权等行为不放过。

(3) "七个慎之又慎"

①在参资企业的主导产品或方向失灵、陷入困境或被动时，提出调整方向、追加投资或改组新公司时，要慎之又慎；

②超越有限责任、增加我方风险的各种要求要慎之又慎；

③对不熟悉的行业、领域、地域，又无擅长此道能胜任此任务的人员的项目要慎之又慎；

④对实验室成果超越中试阶段直接产业化的投资要慎之又慎；

⑤厂中设厂、所中设厂，甚至厂变厂的合资合作项目要慎之又慎；

⑥涉及法律责任的文件的签定要慎之又慎；

⑦参资企业法人代表或总经理又兼任原企业法人代表或总经理的要慎之又慎。

这些原则都是该公司针对我国的具体情况而总结出来的，对于我国风险投资公司的运作具有现实的参考意义。

第九章

风险投资中介机构

　　风险投资的运作并非完全独立，它在运作过程中需要一系列媒介来辅助其运行，这些媒介包括投资银行、律师、会计师、金融经济人等。风险投资的中介机构，犹如沟通投资人与企业合作的推手，在实现着资本市场利益要求的同时，满足着风险企业的融资需要。同时兼顾着自我利益和价值实现。

点石成金——企业风险投资的运作

一、风险投资与投资银行

银行是资本市场最活跃的主导力量。风险投资与投资银行通常是绑在一架马车上的利益共同体。由于投资银行具有明显的人力、信息和资金优势，所以，风险投资者实现最大的投资收益，往往会与投资银行结伴而行。

1. 风险投资与资本市场

风险投资由于它特别的投资对象，而与资本市场形成了紧密的联系。风险投资的资本运作不仅仅是资本市场的一个组成部分，而且更重要的是风险投资的发展，必须有一个与其相称的发达的资本市场为依托。其具体表现在以下几个方面。

（1）风险资本筹集与资本市场

中小型高新技术企业由于规模小、资信差以及它的高风险性，难以从银行、企业及证券市场等传统渠道获得必要的创业资金。但是高新技术企业潜在的高收益性刺激了一种新产业的兴起，即风险投资业。风险投资以基金的方式筹集资金，以便分散风险，由风险投资专家进行资本运作，获取高收益，从而形成一种新的风险——收益配置机制，在中小型高新技术企业与资本市场之间建立起一座桥梁：**从资本市场筹集资本，投向高新技术企业，获取高额收益，回报投资者**。这样，既满足了中小型高新技术企业的资金需要，也满足了投资者追求高收益率的渴望。

因此，风险投资的重要一环是从资本市场筹集能自由运用的资金。但是，风险投资作为高风险性的投资，难以从注重风险控制的商业银行获得债务融资，主要从中长期证券市场筹集权益资本，尤其是私人权益资本市场。根据各国的经验，一个较发达的私人权益资本市场是独立的风险投资机构得以产生和发展的基础，而这种独立的风险投资机构则是风险投资成功发展的保证。因为，一方面资本市场能对其进行有效监督，从而优化资本的配置。投资者在资本市场上可以根据各风险投资公司的收益率而自由选择，那些未能取得高收益的公司将被淘汰，而使资本更多地流向具有良好业绩的风险投资公司。另一方面，这种独立的风险投资公司，由于市场的竞争和独立操作的空间，更宜于培育出优秀的风险投资家。而风险投资家的素质则是风险投资成败的关键，从风险资本的筹集、项目选择、参与风险企业管理到成功退出整个风险投资的过程，都要有风险投资家来操作，因此风险投资的成功运作就要求他具有卓越的金融、管理、技术才能。而且，投资者还考虑风险投资公司管理人——风险投资家的业绩与声誉。美国20世纪80年代以后风险投资的快速发展，正是在大量的私人或独立的有限合伙风险投资公司积极推动下取得的，这些公司则从美国私人权益资本市场上的公、私养老基金，捐赠基金、金融机构以及富裕的个人或家庭获得了充裕的资本。而与美国形成对比的是，西欧与日本缺乏一个美国式的私人权益资本市场，其风险资本主要来源于政府财政、银行融资或大企业投资，形成依附型风险投资机构，其投资活动受到诸多约束，为了控制风险，倾向于向风险较小、见效快的晚期风险投资，而很少涉足风险较大的早期投资，使得整个风险投资业缺乏活力，而且也限制了风险投资对高新技术产业的推动作用。因此，西欧、日本的风险投资尽管有所发展，但是其总体规模远远落后于美国。

（2）风险投资的退出与资本市场

风险投资是一种周期性的投资行为，当所投资企业走向成熟时，风险投资便适时退出，收回投资及其收益，并进入下一轮的投资。 风险投资的适时退出，一方面是为了保持超高的投资收益率。因为随着风险企业的成熟，其收益率也随之降低到一般投资的平均收益率水平，风险投资为了保持其超高额的收益率，就必须适时退出，实现最大化收益，并寻找下一个具有高收益的机会进行投资。另一方面则是为了保证风险投资的连续运作。风险投资蕴含着很高的风险，通常有"十投二中"之说，如此低的成功率，给风险投资机构带来很大的投资损失，为了保证投资能连续进行，必须从成功的项目中适时退出，收回资本，弥补损失，充实资本，以便进行下一轮的投资。

而风险投资的退出，不管是通过出售还是公开上市IPO，都要经过资

点石成金——企业风险投资的运作

本市场。如果没有一个完善的产权交易市场或 IPO 市场，则风险投资难以成功退出，实现最大化收益。这势必降低风险投资的收益率以及风险投资机构的投资能力，从而抑制风险投资的发展，我国目前风险投资发展缓慢，与我国资本市场发展滞后有很大的联系。比如，南山基金，它曾是我国建立较早的一支公募型风险投资基金，但是，由于当时产权市场尚处于未发展状态，所投资企业难以通过并购出售，而 IPO 市场，门槛又过高，除了其中两个企业上市外，其他企业都烂在手里，严重影响其经济效益和进一步投资的能力。此后便不得不转向证券投资以寻求高收益，并于1994 年，正式转为证券投资基金。就这样，一个专业风险投资基金，由于缺乏完善的资本市场的支持而改姓转户了。

综上所述，**风险投资的发展，需要有一个与其相称的发达的资本市场为依托**。所谓相称，也就意味着要有一个私人权益资本市场为其提供风险资本，有一个活跃的产权市场及低门槛的 IPO 市场为其提供通畅的退出渠道。这就涉及到风险投资与资本市场结构的问题，即什么样的资本市场结构有利于风险投资的发展？根据我们上述的分析，答案很明显：即美国式的以证券市场为主导的资本市场是风险投资成功发展的基础。而西欧、日本以银行资本为主导的资本市场，明显抑制了风险投资的发展。而且，在不同的资本市场结构之下，各国形成了不同的风险投资发展模式，美国为以民间资本为主导的模式，日本则为以金融机构与大企业为主导的模式，西欧则发展成政府加银行的模式。这对我国风险投资发展模式的选择具有很大的启示。

2. 风险投资中的投资银行

投资银行则是资本市场上的主要金融服务中介，与风险投资既有业务上的交叉，也有业务的专业分工。两者由于共同的利益在资本市场上走在了一起，风险投资市场由于投资银行的参与而变得更完善和活跃，投资银行则通过参与风险投资拓展了自己的业务。一般来说，投资银行凭借其人力资本和信息优势，可以通过以下几种方式参与风险投资的不同阶段。

（1）风险投资的融资中介

风险投资主要是从私人权益资本市场筹集资本，而该市场存在严重的

信息不对称、信息流转慢的制度性缺陷。尽管各种风险投资机构的出现一定程序上弥补了这些缺陷,但是随着市场容量的扩大,各市场主体为处理其业务所需的信息和交易成本远远超出了其自身能力。他们既缺乏必要的人力和信息,也缺乏相应的经验。投资者很难对市场上的各种风险投资机构作出准确的分析,而风险投资机构则随着其筹资规模的扩大,使得过去那种与各种潜在的投资者直接接触的方式成为极其不经济的作为。因此,市场双方都急需一个第三方,能够提供必要的咨询服务,通过分工,来降低交易费用,提高市场效率。而投资银行则自然而然地承担了这一融资顾问的角色。

首先,投资银行作为风险投资公司的筹资代理人,帮助它们筹集必要的风险资本。在美国,这种代理业务兴起于20世纪的80年代。传统的风险投资公司很少用代理人来筹资。但是80年代后,一方面出现了大批百万级风险投资基金,它们管理着超过2亿美元的风险资本,每次投资至少100万美元。到1994年,它们尽管在公司数量上只占15%,但它们所控制的资本额却占美国风险资本总额的63%。这些风险投资公司往往需要筹集大规模的资金。这往往超出了其独立操作的能力。另一方面,80年代后,大批机构投资者纷纷涌入风险投资业,尤其是公共养老基金80年代后成为私人权益资本市场的最大投资者,也就成了大风险投资公司的筹资目标。但是公共养老基金的投放涉及到投资官员、受托人、顾问三方,其决策是一个很复杂的过程。为筹资成功,必须小心地发展和这些人的关系。在这一过程中,**投资银行的声誉与经验则成了成败的关键。**

其次,投资银行为机构投资者提供投资咨询,负责为机构投资者评估和推荐投资对象即业绩优良的风险投资公司,同时也评估一些在风险企业上的共同投资机会,其主要客户是养老基金、捐赠基金及其他基金会。

投资银行对目标风险投资公司的评估包括:

- 对公司管理人记录的审查;
- 检查目标公司组织结构和激励机制,尤其是,要看创造了过去高回报率的风险投资家是否还在该风险投资公司中。

有时投资银行也向客户提供谈判服务。在美国,近几年随着竞争的加剧,投资银行也被迫扩展其服务范围。新的服务包括对国际有限合伙公司

出售的评估、对风险企业直接投资的评估、对有限合伙公司股份一次出售的评估。

(2) 风险投资的退出中介

风险投资是一种周期性投资方式,在所投企业走向成熟时,必须适时退出,以保证高额的投资收益率和连续投资的能力。尤其在有限合伙公司中,普通合伙人要在合伙契约中要求承诺在一定时间以一定的方式结束对风险企业的投资和管理,收回现金或有流动性的证券,给有限合伙人即投资者带来丰厚的利润。因此,风险投资家必须构思一个清晰的退出路线,以使投资安全退出,完成整个风险投资计划。

风险投资常用的退出方式有 IPO(首次公开上市)和出售两种。为实现成功的退出,风险投资在 IPO 或出售过程中都需要有投资银行的参与,由它提供相应的证券承销或企业并购服务。

①投资银行:IPO 成功的关键。首次公开发行是指一家公司的普通股第一次向公众发行。在美国,IPO 是风险投资最常用的退出方式,它往往能使风险投资实现最大化收益。**风险投资在 IPO 市场上这种骄人的成绩与投资银行在证券承销中的成功运作是分不开的。**

投资银行在 IPO 过程中的关键作用表现在以下几个方面。

a. 确定上市时机。在首次公开发行市场上股市风险和公司风险都被认为是最高的。因此,投资银行在帮助风险企业承销证券时,对上市时机的建议尤为重要。选择错误的上市时机会导致证券价格下跌或根本售不出去,这不仅影响风险企业的顺利上市及风险投资的成功退出,而且,使大量证券滞留在投资银行中,会给投资银行带来损失。一般认为发售成功的市场条件必须是稳定和强劲的。但是,那也不应该认为只有牛市才能成功地发行新证券。**即使在股市萧条时,那些特别有创意的公司仍可以找到市场。**这就取决于投资银行的经验与把握市场时机的直觉。

b. 确定股票发行价格。在 IPO 过程中,股票定价则是另一个至关重要的问题。它既要保证发行的成功及发行后市场的稳定,又要协调好发行人与投资银行之间的利益关系。如果定价过高,虽然发行人可能获取较大的利益,却会给发行带来困难,而且使投资银行面临较大的风险。因为在包销方式下,较高的发行价,使投资银行可获取的差价空间很小,甚至有损失的风险。如果定价过低，虽然使股票易于发行，而且投资银行可能获得较高的差价收入，但是发行人的利益就受到损失。

在确定股票发行价时，先根据可比公司定价法或现金贴现法计算出股票的价值，然后根据市场的行情及市场对公司潜在成长性的认同程度，确定价格。通常情况下，牵头经理人将以略低于计算结果的价格为股票定价，以使股票价格在发行后仍可预期有 10%~15% 的上升空间，保证承销商有一个乐观的收益，虽然这可能给风险投资造成一定的损失，但是它预示着如果股票在二级市场表现良好的话，未来风险投资公司出售其余股票时将会被顺利接受，从而实现成功的退出。因为根据各国证券法规的规定，股票公开发行时，风险公司只能出售一小部分股票，在一定时间后，才能解除对出售其余股票的限制。因此，**如果由于定价过高而使股票在二级市场上表现不佳，则会给风险投资的退出带来困难。**

c. 稳定股票价格。风险企业首次公开发行股票最重要的一环是稳定股票在市场中的价格，以免发行后股票价格下跌，影响上市公司的声誉，以致潜在的投资者失去兴趣，使此次发行以后风险投资公司出售其余股票变得困难。因此，投资银行要使用称为"稳定价格技巧"策略，以辛迪加成员身份来维持股价稳定。

新发行股票的价格通常由牵头经理人代表辛迪加分配份额的办法保持平稳，这样就能有效地制造该种股票的空头。在承销辛迪加分销风险企业的股票时，簿记员分派给承销商的股票要比原先提醒的少。原先邀请承销 50000 股的承销商可能在派售日只得到 45000 股。如果他已将预计的 50000 股卖出，则它必须进入市场买入另 5000 股以弥补它的空头。这样，股票的价格就会稳定在发行价格之上。

另一种被通常采用的是运用于售后市场的稳定价格技巧。售后市场价格是在新股宣告发行之后产生的市场价格，有时也称作灰色市场（Gray Market），但是售后市场这一概念更为美国金融界所接受。售后市场价格可以与辛迪加成员试图出售新股的价格不同。在这种情况下，牵头经理人可以在辛迪加中报出一个略低于发行价的买入价。售后市场中任何该股票的卖家都可以按照这个报价出手股票。这个报价就支持该股票的价格直到发行完毕。

当价格稳定期结束时，新股的付款日也到了，这时新股可以在二级市场上自由买卖，在技术上成为一支"成熟"股。一旦它进入二级市场，就不再允许任何稳定价格的行为继续存在。投资银行也就完成了整个IPO操作过程。

②投资银行：风险企业出售代理人。出售是风险投资退出的另一种方式，在美国，这种方式在20世纪80年代比较流行，但到了20世纪90年代，由于美国股市的强劲势头，风险投资多改用了IPO方式。但由于出售方式费用较低，条件比较灵活，因此还是成为一些风险投资的退出方式。

在出售过程中，风险投资公司一般情况下自行操作。只是在一些涉及规模较大的案例时，才聘用投资银行作为出售代理人，以投资银行的人力、信息优势和丰富经验实现最大的投资收益。投资银行主要负责寻找收购公司、准备出售书、代理谈判等，有时也运用自己的资金帮助并购活动的顺利进行。

（3）风险投资的投资人

投资银行通过风险投资主体提供金融服务间接参与风险投资。而实际中，由于风险投资业的丰厚利润以及风险投资业务与投资银行其他业务的相关性，许多投资银行纷纷斥资进行风险投资。其通常的方式是通过由它所控制的风险投资公司，对风险企业进行投资。但是，除了少数比较富有冒险精神的投资银行介入早期投资外，大部分投资银行所支持的风险投资公司偏向于晚期投资。**晚期投资风险相对较小，周期短，而且能与投资银行的证券承销及并购等业务直接衔接起来。**

3. 风险投资与投资银行的分离

自20世纪80年代以来，在美国，投资银行对风险投资的参与发生了巨大的变化，其总的趋势是：投资银行作为风险投资市场上金融服务中介的角色不断加强，而且服务范围日趋扩大；而作为风险资本的供给者则日趋淡化，即投资银行的参与日趋间接化，而在直接风险投资方面投资银行与风险投资日趋分离。形成这种趋势的因素主要有以下几个。

（1）依附型风险投资公司内在的缺陷

投资银行一般是通过由它控制的风险投资公司对风险企业进行投资。

这种依附型的风险投资公司在运作中存在许多缺陷。

①依附投资银行风险投资公司的投资活动受到投资银行其他业务的牵制，不具有独立性和灵活性，难以与私人独立的合伙公司相竞争。

②依附于投资银行的风险投资公司，其资本来源存在单一性和不稳定性的缺陷。投资银行为保持对风险投资公司的控制地位，不会向其他投资者出让过多股份；同时，其他投资者由于该投资公司依附于投资银行，其业务活动为投资银行其他业务服务，存在利润转移，因此，其他投资者也不愿向这种依附型风险投资公司投资。所以这种风险投资公司的资本只能依赖于投资银行这一单一来源。而投资银行的生存及资本供给能力在很大程度上取决于资本市场的繁荣或萧条。繁荣时期，业务需求量大，资本充裕，就会增加对风险投资公司的注资，一旦资本市场冷下去，走向萧条，其风险资本的供给将会枯竭。这种资本供给的不稳定性和单一性严重限制了这种风险投资公司的生存与发展。

③依附型风险投资公司难以培育出优秀的风险投资家。风险投资人员的综合素质往往是风险投资成败的关键。依附于投资银行的风险投资公司的管理者往往在投资银行内部调配，他们虽然是出色的投资银行家，但是很难具有一位优秀风险投资家所需的技术、管理方面的综合素质。而且他们的行为受到投资银行其他业务部门的牵制，这使他们难以独立行事，也难以依据风险投资的收益率来评价其业绩，导致市场竞争机制削弱其监督作用。

(2) 投资银行与风险投资公司的内部交易危险

投资银行的其他业务部门与其所属的风险投资公司存在内部交易的危险。双方的业务是上、下游关系，都服务于同一主体，为了获取总体利润最大化，很可能出现内部交易，这种交易可能危及风险企业管理层的利益和公众投资的利益。**这种内部交易存在的可能性，使该风险投资公司业务开展变得困难，限制了它的发展。**

由于以上两个因素，在20世纪80年代后期的美国，养老基金的大量涌入、私人或独立的有限合伙公司的兴起，立刻使这种依附型风险投资公司失去了竞争力，投资银行也逐渐退出这种业务，而使自己专注于向风险投资提供金融服务上，投资银行参与风险投资间接化的趋势，是一国风险投资业发展到成熟阶段的反映,也是风险投资发展到一定规模后专业化分工的要求。

二、风险投资与会计师

1. 会计师的一般作用

会计是随着社会生产的发展和经济管理的要求而产生、发展并不断完善起来的。会计最初表现为人类对经济活动的计量与记录行为。随着社会经济的不断发展,生产力的不断提高,剩余产品的大量出现,原本作为生产经营过程的附带职能会计,也逐步独立起来,成为独立职能,会计师也随之成为社会经济生活中独立的职业种类。

社会过渡到商品经济社会以后,为适应商品经济和贸易发展的需要,会计核算内容、方法等发生了很大变化,会计技术获得了较大的发展。在进入资本主义社会以后,随着商品经济规模的进一步扩大,会计也逐步从简单的记录计量,比较所得与所费的行为,发展成为一门包括有完整的方法体系的会计学科,会计师的作用也从仅仅是对财产记录、为财产的分配服务,发展到对经济活动的所得与所费进行比较,计算和反映经营活动的盈亏损益情况。进入20世纪以来,特别是第二次世界大战之后,随着竞争的加剧,会计师又从对经济活动的结果进行记录、计量和报告,发展到对企业经济活动的全过程进行监督和控制,参与企业的经营决策和长期决策,为企业内部强化经营管理服务。

随着企业组织制度的发展变化,**为适应股份公司这一现代企业主要组织形式的需要,会计也突破了为单个企业业主服务的界限,会计信息的服务对象范围日趋扩大**。在股份公司中,会计师不仅要为股东提供信息,满足股份公司的投资者了解企业的经营情况的需要,而且也需要向企业利害关系人如债权人、客户和社会公众等提供信息。随着国际资本市场的形成和发展,会计信息突破了国界,会计师不仅要为本国的投资者服务,而且要为全球范围内的投资者服务。总之,在市场经济条件下,会计师的主要职责和作用表现在：为国家宏观经济管理和调控提供会计信息；为企业内部经营管理提供会计信息；为企业有关各方了解其财务状况和经营成果提供会计信息。

2. 会计师在风险投资中的作用

（1）帮助新兴公司编写发展计划书

风险投资者是通过发展计划书来了解新兴公司详情的，他们在决定是否投资以前预先要阅读计划书以对公司产生一个总体印象。因此，这种计划书仿佛是一种产品推销说明，其基本目的在于把公司出售给风险投资者，它主要强调说明公司之所以能成功的依据。**在编写计划书时，要始终牢记，它是一种推销文件，是推销新兴公司本身的重要文件。**

在公司发展计划书中，财务部分（包括财务报告、财务预测等）是非常重要的内容。就财务报告而言，在时间上它不仅应包括近几年的财务报告，而且还应包括当前的财务报告；在内容上它不仅应包括固定的资产负债表、变动表和财务状况损益表，而且还应有适当的附加说明。就财务预测而言，它应包括其后连续5年的财务预测数据，同时还应包括本年连续12个月的资金流量表。编写财务报告和财务预测的目的在于使风险投资者了解公司的财务概况、资金流动状况和发展前景，以坚定他们投资的决心和信心。但这些内容的编写又是非常技术性的工作，会计师是这方面的专门人才，因此，公司在编写计划书时，通常要通过他们的帮助来完成财务部分的编写。

（2）帮助新兴公司回答风险投资者的质疑

风险投资者在阅读完公司的发展计划书以后，会就各方面的内容提出一些问题，为保证和证明发展计划书是完善的、可信的，公司必须在向风险投资者提交计划书之前，与会计师、有关的银行家一起认真审阅计划书，并作出进一步的修改，同时，还必须准备一些风险者可能提出的问题。

风险投资者会花费大量的时间分析公司的财务报告，他们可能提出有关获利能力的问题，可能提出有关审计人员的问题，可能提出关于某个子

公司的若干问题，总之，他们希望了解与公司财务报告相关的各个特定领域，并为财务报告的每个数据找到可靠依据。此外，风险投资者还希望了解公司财务预测的依据何在，他们会就此提出一系列问题：为什么公司的预测数据上升如此之快？预测所依据的基本假设前提有哪些？为研究预测结论的可靠性，风险投资者还将对财务预测进行敏感性分析，他们将调查预测过程中涉及的某些原始数据，通过预算，观察相关预测结果数据的变化，同时，也可以分析投资增长对销售额增长的影响程度。总之，风险投资者会花费大量时间向公司提出有关财务报告和财务预测的若干问题，**由于是会计师负责完成财务报告和财务预测的，因此，他们可能帮助公司完美地回答风险投资者的提问。**

三、风险投资与律师

1. 风险投资为什么需要律师

在完成评估和对企业的考察以后，风险投资者会同新兴公司协商有关缔结投资契约的问题。一般来说，从协商到契约缔结的完成，主要是在双方的律师之间进行。因为契约是确定双方之间合作关系很重要的法律文件，而律师是法律这一特殊领域的专家，他们具备法律领域的知识，这一点正是风险投资者和新兴公司所欠缺的。风险投资者的律师将起草缔结契约所必需的法律文件，这些法律文件跟在意向书后面，风险投资者的律师将给新兴公司或其代理人提供一份副本。新兴公司应当审读法律文件以确定其与商业协议的一致性。对法律文件中有关问题由公司聘请的律师向公司作出解释。

2. 律师在风险投资中的作用：缔结契约

在这里我们讨论两种缔结形式：第一种是拥有股票特权贷款的法律文件；第二种是购买普通股的法律文件。

(1) 第一种缔结：拥有股票特权贷款的法律文件

新兴公司在与风险投资者缔结贷款契约和所得贷款付出之前，必须提供充分的法律文件。具有购买股票特权的贷款涉及三个基本法律文件：贷款协议、定期付款期票和股票购买特权。每个文件都有明确的目标和各自的适用范围。这些文件控制着新兴公司与风险投资者之间的法律关系。新兴公司在阅读这些文件的时候，要弄清楚这些法律文件是否准确说明了自己和风险投资者已经取得一致意见的问题。若不是这样，只有两个原因：要不是投资者改变了主意，指示其律师改发了文件，就是出了差错。**不论是哪一种情况，新兴公司都应该同风险投资者讨论这些变化，以达成一致意见。**

在第一种缔结的第一个基本法律文件贷款协议中，律师将用明确的语言说明贷款及其所有条款和条件，说明公平的选择自由及其条款和条件，在第二个基本法律文件定期付款期票中律师将对贷款项目进行广泛而详细的阐述，在第三个基本法律文件股票购买特权中律师将说明购买新兴公司股票的优先权。

(2) 第二种缔结：购买普通股的法律文件

常人认为，购买股票是一项简单的交易：风险投资者给新兴公司开一张支票，新兴公司给他们一些股票证券。但事实并非如此。在风险投资者与新兴公司之间有一份相当长的股票购买协议，这个协议与上述贷款协议类似。在股票购买协议中，律师要陈述清楚股票的出卖和售价，刻画出股票清偿权利，等等。

四、风险投资与独立金融经纪人

1. 什么是独立金融经纪人

所谓独立金融经纪人是指与会计师事务所、证券交易公司、银行或其他机构没有关系的融资中介人。**成功的独立金融经纪人可以成新兴公司杰**

出的顾问，并为其提供各种类型的服务。首先，他们可以帮助新兴公司完成发展计划书；其次，他们知道较多的资金来源，新兴公司可以雇佣他们去接触资金来源，为公司融资作准备。为了生存和发展，独立金融经纪人在提供服务时要向服务对象收取一定的费用。

2. 新兴公司如何选用独立金融经纪人

像对其他职务的安排一样，新兴公司要考虑想雇佣的经纪人。总体而言，一个优秀独立金融经纪人应该具备以下特性：

（1）经验

经纪人具有广泛的经验对帮助公司处理财务问题很重要，没有这样一个背景，经纪人就不能了解公司在寻求资金中遇到的问题，也不能了解经常向公司提供资金的基金来源。

（2）专门人员

经纪人应该是一个真正的专门人员，即一个为公司提供资金业务方面有广博见识的人，他们应该是专职的专门人员。有许多兼职的金融经纪人，是不大可能系统地帮助公司找到风险投资资金的。此外经纪人应该有良好的金融背景，他们受过商业学校的教育，或拥有过投资银行家的经历，或做过一个借贷机构的财务职员，等等。

（3）特殊知识

新兴公司一般是面向高科技的，如果经纪人是个有技术背景、工程学位或曾就职高技术公司的人，无疑对新兴公司筹集资金有更大的帮助。

（4）小公司经营者

如果一个经纪人曾成功地为自己的小公司募集到资金，经营也非常出色，那么他就能够知道他应为雇佣他的新兴公司做些什么。

总之，**独立金融经纪人具有的上述特性越多，他们就越能为公司的资金筹集指出正确的方向。**

第十章

风险投资的风险管理

任何投资都是带有一定风险的投资,而风险投资则是一种高风险的投资。如果一般风险意味着对预期回报率的背离的话,那么高风险投资就意味着这种背离的范围更大。

风险是客观存在的,人们不可能消灭风险,但可以缩小风险范围、分散风险集中度,从而降低风险、控制风险、使风险最小化。而这一过程就是对风险的管理过程。

一、风险投资中的风险分类

风险投资过程的每个阶段、每个环节都存在着风险，主要有以下六个方面的风险。

1. 风险投资中的逆向选择风险

逆向选择风险是基于错误的或虚假的信息，作出了错误的选择所带来的风险。在风险投资商与风险企业正式签订投资协议之前，作为投资委托人的风险投资商与作为投资代理人的风险企业之间存在着严重的信息不对称现象，称之为"事前信息不对称"。风险投资商可能由于同风险企业家接触时间较短，双方不甚熟悉，又缺乏可靠的了解对方的信息渠道，从而无法准确了解真实信息，风险投资商只能聆听风险企业家的介绍。风险企业家一般都是专业技术人士，着重对专业技术的介绍和渲染，而风险投资商对这些专业技术不懂，所以，即使风险投资商具有非凡的经验和判断能力，还是难免接受风险企业家可能过于夸张的、不够真实的信息。**这种错误的信息报告导致风险投资商作出错误选择，就是逆向选择**。逆向选择所带来的后果是，可能会导致一些好的风险企业没有被风险投资商选中而较差一些的风险企业却被选中了的局面出现，从而给风险投资商的投资过程带来风险。

2. 风险投资中的道德风险

道德风险是指从事经济活动的人在最大化自身效用时作出不利于他人的行动。道德风险存在于下列情况：由于不确定性和不完全性的或有限制的合同，使负有责任的经济行为者不能承担全部损失（或利益），因而他们不承受他们的行动的全部后果，同样也不享有行动的所有好处。在风险投资商与风险企业正式签订投资协议之后，作为投资委托人的风险投资商与作为投资代理人的风险企业之间仍然存在着信息不对称的现象，称为"事后信息不对称"。这种信息不对称表现在，作为委托人的风险投资商，其目标在于投资回报的最大化,而作为代理人的风险企业管理者,其目标是追求个人货币收入和非货币收入的最大化,两者目标并非完全一致。同时,风险企业的大部分内部信息,如企业真实利润分布函数、产品研制进展、技术的可靠性等等,都由风险企业管理者掌握,风险投资商很难通过审查企业会计报表的方式来了解企业的真实状况。在此情况下,风险投资商由于获取信息的成本太高而缺乏对方的行动信息,而风险企业管理者却因拥有私人信息而具有明显的信息优势,这就使得风险企业管理者有了侵蚀投资者利益的动机和可能。**这种由于对错误行动进行选择和决策所引起的问题,就是道德风险**。道德风险发生的后果是风险企业管理者的努力方向与风险投资商的预期目标产生极大偏差,或者由于企业经营者的急功近利和从事高风险的获利项目而出现严重失误。这两种情况只要出现其一,就会导致风险投资商的风险资本陷入泥潭。

3. 风险投资中的技术风险

技术风险是指在风险投资过程中,因技术因素导致创新失败、风险资本无法收回的可能性。

风险企业所拥有的技术是吸引风险投资的重要因素之一。正是因为技术的先进性、独立性和市场性,才赋予了风险企业巨大的发展潜力和高成长性,风险投资也才会产生高额投资回报。然而,**一项技术的商品化和产业化过程中面临着诸多技术风险**。

(1) 技术前景的不确定性

对于一项正处于研发阶段的技术而言,其发展前景面临三个方面的不确定性。其一,能否保证技术达到预期目标、完全实现其设计功能,在研发过程中无法确定;其二,在新技术成形的初期,技术本身并不十分完美,往往比较粗糙,有待改进,而在现有的技术条件下,能否尽快使其完善和发展,研发者并无把握,这一点也无法确定;其三,即使在技术形成产品之后,其能否成功推向市场,被市场所认可,仍然有待于接受市场的考验,在此之前,企业的经营者对此无法确定。这三个因素都可能导致风险投资的失败。

(2) 技术的寿命周期风险

在当前世界科技飞速发展的时代，由于技术手段的不断进步，科研设施的不断完善，不同领域技术的相互渗透，使得产品的生命周期大大缩短。而高新技术产品本身的特点就是更新换代快、寿命周期短，因此受到的影响就更为明显。如果风险企业的技术不能在预定的时间内完成开发，那么，这项技术的先进性就有可能面临新的评价。因为其他新产品的问世会使这项技术失去意义，风险企业和风险投资商将因此而蒙受巨大的损失。

(3) 技术的效果风险

任何一项正在开发的技术其预期的效果都是良好的。但是，在新技术开发出来之后，如果开发者对技术的副作用估计不足，则很可能会给环境造成污染、破坏生态平衡，从而因此受到政府部门的限制，导致新技术无法实施。

(4) 技术的外部环境风险

一项技术的研制成功一般都需要配套技术的支持，特别是重大技术项目需要各个领域不同专业的技术来配套才能符合标准。如果这些配套技术不成熟或者标准化程度不高，则会给新技术的研制带来风险。另外，技术研制成功之后，如果在生产设备、原材料、生产工艺条件等外部环境方面受限制，则同样会制约产品推向市场或者错过产品推向市场的最佳时机。

4. 风险投资中的市场风险

市场风险是指风险投资主体由于市场的不确定性所面临的亏损的可能性。即新产品成功地制造出后能否将其顺利推向市场。市场风险是风险投资商和风险企业所面临的最重要的风险之一，**风险企业的新技术产品能否顺利与市场相互融合，是市场风险大小的关键。**

(1) 市场进入风险

新产品进入市场会面临很多问题和风险。用户在使用新产品时，往往要付出比其他产品更高的转换成本，为了降低使用产品的成本，用户会持观望的态度。另外，由于缺乏对新产品进入市场的评价方法和指标，有可能套用对成熟产品进入市场的评价体系，从而出现误差。基于上述情况，新产品进入市场，有可能出现一个较长时间的适应过程。若缺乏足够的市场推广费用，那么，这一时间会更加漫长。由此而导致风险企业的产品积压，资金周转受阻，风险资本也无法及时退出。

(2) 市场容量风险

新产品即使进入了市场，还将面临实现多大市场容量的问题，市场容量决定了产品的开发总价值和市场商业总价值，由于产品开发的巨大投入，如果新产品进入市场的容量不足，就无法体现新产品的市场价值，投资不能收回，风险企业只能走向倒闭。

(3) 市场环境风险

新产品进入市场必须认真研究和关注国家有关方面的政策法规。任何政策法规的变动都有可能给新产品进入市场造成不测和风险。比如，如果国家通过政策调整缩小了一个行业的发展规模，那么新产品再进入这个行业将面临容量不足的风险。再如，新政策对产品的相关行业进行限制而使新产品无法进入这一领域的风险；政府价格政策的调整可能使企业陷入产品滞销或贬值的风险等等。还有，知识产权的环境也对企业特别是高科技企业构成影响，如果知识产权环境不理想，则剽窃等侵权行为会冲击新产品的市场占有率。

5. 风险投资中的管理风险

管理风险是指由于管理者管理不当而造成风险投资损失的可能性。对于企业来说，管理的问题从某种程度上讲也就是人的问题，如果说技术风险和市场风险可以通过人的智慧和能力来努力回避，那么，人本身出了问题，则由此而产生的不确定的风险因素将大大增加。企业管理的好坏取决于企业管理层的能力和工作态度。**风险投资商最注重的因素就是风险企业家和风险企业管理层的因素，他们宁可去冒技术和市场上的风险，也不愿意接受来自于管理方面的风险。**

(1) 人员风险

发达国家高技术产品创新的成功经验之一，就是技术专家、管理专家、财务专家、营销专家的有机结合,形成企业管理的整体优势,从而为技术产品的创新奠定了坚实的基础。如果风险企业的创始人仅仅拥有企业的技术,并不具有企业管理上的经验和专长,而同时又充当企业 CEO 的角色,则风险企业必将由此带来管理上的风险。这种情况在我国的中小企业里十分普遍。由一个真正的企业家来出任 CEO 的企业才是一个有发展前途的企业。企业家本身不仅要有丰富的管理经验和技术素质,还要具备敏锐的洞察力、魄力、组织能力和责任心,这些远非一般的技术人才所能胜任。同时,企业的管理还要靠由各方面人才组合而成的管理团队,**任何一个缺少 CFO(财务总监)、CTO(技术总监)等专业人士的管理团队都有可能导致企业经营上的失败**。再有,企业的员工也是企业运营中一支不可忽视的力量。风险企业应形成一个合理的人事制度安排,发掘员工的潜力和创造力,调动其工作的积极性,务求人尽其才,优势互补,形成合力。以上三方面所可能造成的人员风险都是不容忽视的。

(2) 组织结构的风险

对于风险企业而言,如果企业管理层的工作能力毋庸置疑,但却缺乏积极的工作态度,那么,风险企业同样会面临潜在的经营风险。造成这种现象的原因,可能主要来自对管理层缺乏有效的激励与约束机制,在这种情况下,管理层可能会在牺牲公司利益的基础之上谋求个人的利益,导致与所有者利益的偏差。这是一种来自上层的治理结构的风险。另外,风险企业发展的高成长性,往往会出现企业规模的高速膨胀与企业组织结构调整缓慢的矛盾,企业管理者因忙于应付企业扩张所带来的压力,而忽视了对企业组织结构的研究和调整。**这一矛盾积累到一定程度之后,便会产生机构臃肿、效率低下、信息不畅、成本增加、管理混乱、决策失灵的局面,使风险企业陷入危险境地。**

(3) 生产与计划的风险

生产产品是企业运营过程中的一个重要环节,而在生产产品的过程中企业将面临产品质量的风险。产品质量的好坏直接决定着企业能否继续生存,挽回因产品质量问题所造成的信誉损失,远比维持产品质量的良好信誉要难得多。一个市场需求兴旺的企业,很可能因为产品质量的问题而濒临绝境。另外,如果生产产品的数量不能很好地与市场需求相适应,出现产品库存过多、积压严重的问题,那么,不仅会影响企业的正常周转,还会影响产品的改进和更新换代,从而有可能使产品在市场之中失去竞争力。而且,计划问题是企业管理的重要职能和首要职能之一。**如果企业在确定目标或者选择方案上出现决策性失误,也会给风险企业造成无法挽回的损失。**

(4) 管理机制的风险

企业暂时的成功往往会使企业管理者失去理智,盲目自信,不惜以公司的全部资产与声誉作赌注,向客户作出根本不可能实现的承诺,从而可能出现信誉风险。同时,企业的暂时成功还会使管理者自觉不自觉地形成不喜欢倾听坏消息的习惯,对于那些直言不讳的人不屑一顾,嗤之以鼻,只希望在赞扬声中分享成功的喜悦,从而增强信心。其实这是一种掩耳盗铃的行为,其形成的恶果是阻碍了企业内部信息渠道的有效传递。管理机制上的问题还体现在,在企业高速成长的时候,由于一味追求发展速度和增长指标,一方面,可能导致某种弄虚作假事情的发生,比如,某些下属迫于业绩提升的压力,向上级出具虚假盈利报告等;另一方面,对高速成长的追求还可能导致企业内部竞争压力的加大,致使员工之间独占信息、互相防范、私利膨胀,这种只有激烈竞争而没有丝毫合作的状态,只能使风险企业的整体凝聚力和市场竞争力大大下降,从而带来经营风险。

6. 风险投资中的再融资风险

再融资风险主要是指风险投资家的信誉风险,即风险投资公司由于投资业绩不佳而丧失信誉,难以再融得资金的风险。风险投资往往针对风险企业所经历的种子期、创立期、扩展期和成熟期这四个不同的发展阶段展开分段投资,风险资本不仅对同一家风险企业进行两次甚至三次以上的资金投入,而且,还对不同的风险企业在同一时期或者不同的时期进行投资。由此可见,风险投资必须是连续的,这一连续性的特点,使得风险企业的再融资风险成为风险投资商们所面临的一个问题。如果风险企业在经过一期投资之后,二期投资的资金不能及时到位,则企业计划进程实施的

停顿很可能导致前面所提及的技术风险和市场风险的发生，风险投资商早期投入的风险资本也无法收回。

导致这一情况出现的原因可能来自两个方面：一方面，来自风险投资商，如果风险投资商的风险资本规模较小，而其他投资又出现了比较严重的失误，风险资本不能及时收回，致使后续投资无法进行或者延迟进行；另一方面，来自风险企业，对于研发者而言，他并不能十分精确地预测研发项目的每一个发展环节所需要的资金投入，在进行到某一环节时，可能由于某种新的发现或者由于研发设备的市场成本因某种因素而突然提高，导致后续风险资本需求额度的增加，新增加的资本部分有可能给风险投资商带来压力。在再融资障碍出现时，如果风险企业仍然处于早期的发展阶段，那么，其希望寻求银行资本等风险资本以外的其他资本加盟是非常困难的，因为银行会担心其风险较大而不愿意介入。

另外，在风险企业的再融资阶段，风险投资商还可能面临的一个风险就是市场环境的变化。比如，如果风险投资基金中含有国外以承诺制方式注入的资本，在其注入时刻，本国汇率对外币的增加会导致这部分风险资本成本的提高；再如，国内的风险资本由于国内的存款利率的降低、存款利息所得税的提高以及资本税率的提高等等，都会导致风险资本投资成本的增加，进而相对增加了投资的风险。

在以上六项主要风险因素，其中，1、2项是风险投资商在风险资本运营中所直接面临的风险，而3、4、5、6项是风险投资商在风险资本运营中所间接面临的风险（风险企业面临的风险）。由此可见，**风险投资商不仅要应对产生于自身的风险，同时，还要解决被投资的风险企业所面临的风险。** 对此，风险投资商们必须制定出一系列控制和防范风险的措施。

二、风险投资的风险分析

风险投资是一种高风险高收益的投资过程，为了尽可能地避免风险，并获得高收益，必须对风险投资过程进行风险分析。

风险分析的一般过程，可以分为三个阶段：风险识别、风险估计和风险评价。风险分析是对风险的识别、估计和评价作出全面的、综合的分析。

1. 风险投资中的风险识别

（1） 风险识别的含义与内容

风险识别是指对潜在的及已经存在的各种风险进行系统的归类和全面的识别。风险识别是风险管理的重要方面，**只有正确识别风险，才能对症下药，对风险投资过程中的风险进行有效的管理。**

风险识别主要应分析以下一些内容：

- 在投资过程中有哪些风险应当考虑。
- 引起这些风险的主要因素是什么。
- 这些风险的后果及其严重程度如何？

（2） 风险识别常用方法

风险识别的方法是通过调查、分解、讨论等提出所有可能存在的风险因素，并且分析和筛除那些影响微弱、作用不大的因素，然后研究主要因素对投资效果的影响。

风险识别最常用的方法是专家调查法。专家调查法是风险识别的主要方法，它是通过邀请各领域的专家运用专业方面的理论与丰富的实践经验，找出各种潜在的风险并对其后果作出分析与估计的一种方法。这种方法在缺乏足够统计数据和原始资料的情况下，可以作出定量的估计；缺点主要表现在易受各个专家个人因素的影响。

专家调查法主要包括专家个人判断法、头脑风暴法、名义群体法和德尔菲法等十余种方法。

①专家个人判断法。即是指派发调查表征求有关专家个人意见。这种方法的优点是不受外界干扰，可以最大限度地发挥个人的创造能力。但是容易受到专家知识的深度与广度和对所调查问题的认识能力的影响，带有片面性。

②头脑风暴法。头脑风暴法是一种刺激创造性、产生新思想的技术。它是为了克服阻碍产生创造性方案的一种相对简单的方法。它利用一种

思想产生过程,鼓励提出任何种类的方案设计思想,同时禁止对各种方案的任何批评。在典型的头脑风暴会议中,一些人围桌而坐,参加的人数不多,一般只有五六个人,多则十几个人。群体领导者以一种明确的方式向所有参与者阐明问题。大家就某一具体问题发表个人意见,畅所欲言,做到集思广益。然后成员在一定的时间内"自由"提出尽可能多的方案,不允许任何批评,并且所有的方案都当场记录下来,留待稍后再讨论和分析。

该方法通过专家之间的相互交流,在头脑中进行智力碰撞,产生新的智力火花,使专家的论点不断集中和精炼。**头脑风暴法作为一种创造性的思维方法在风险分析中得到广泛的应用。**

③名义群体法。名义群体法在决策制定过程中限制讨论,故称为名义群体法。如参加传统委员会会议一样,群体成员必须出席,但他们是独立思考的。具体来说,它遵循以下步骤:

- 成员集合成一个群体,但在进行任何讨论之前,每个成员独立地写下其对问题的看法。

- 经过一段沉默后,每个成员将自己的想法提交给群体。然后一个接一个地向大家说明自己的想法,直到每个人的想法都表述完并记录下来为止。

- 在所有的想法都记录下来之后,群体开始讨论,把每个想法搞清楚,然后作出评价。

- 每一个群体成员独立地把各种想法排序,最后的决策是综合排序最高的想法。

这种方法的主要优点在于,使群体成员正式开会但不限制每个人的独立思考,而传统的会议方式往往做不到这一点。

④德尔菲法。德尔菲法以匿名方式通过几轮函询征求专家们的意见,然后对每一轮意见都汇总整理,作为参考资料再发给各专家,供他们分析判断,提出新的论证。如此多次反复,专家的意见渐趋一致,使最终结论的可靠性越来越大。具体步骤如下:

- 确定问题。通过一系列仔细设计的问卷,要求成员提供可能的解决方案。

- 每一个成员匿名地、独立地完成第一组问卷。
- 第一组问卷的结果集中在一起编辑、撰写和复制。
- 每个成员收到一本问卷结果的复制件。
- 看过结果后,再次请成员提出他们的方案。第一轮的结果常常激发出新的方案或改变某些人的原有观点。
- 重复第四、五两步直到取得大体上一致的意见。

由于风险辨识中要考虑的因素很多,不确定性很高,有些因素很难定量描述,使得这一问题解决起来很困难。这使得风险的识别存在着很多不足。比如有的潜在风险未被识别,或者识别一些特殊风险需要太大成本,或者识别出的风险与实际的误差很大等等,使风险识别的可靠性、有效性、经济性受到挑战。

2. 风险投资中的风险估计与评价

风险估计与评价是指应用各种管理科学技术,采用定性与定量相结合的方式,最终定量地估计风险大小,找出主要的风险源,并评价风险的可能影响,以便以此为依据,对风险采取相应的对策。风险估计与评价常用方法有以下几种。

(1) 调查和专家打分法

调查和专家打分法是一种最常用、最简单且易于应用的风险估计方法。首先通过风险辨识将项目的所有风险列出,设计风险调查表,然后利用专家经验,对各风险因素的重要性进行评估,再综合成整个项目风险。具体步骤如下。

- 确定每个风险因素的权重,以表示其对项目过程的影响程度。
- 确定每个风险因素的等级值,例如按较小、稍大、中等、较大、很大 5 个等级,分别以 0.2、0.4、0.6、0.8 和 1.0 打分。
- 将每个风险因素的权重与等级值相乘,求出该风险因素的得分,再将各风险因素得分求和,求出该项目整个过程风险的总分。总分越高,说明风险越大。

为规范这种方法,可根据专家的经验对所评价项目的了解程度、知识领域等，对专家评分的权威性确定一个权重值。最后的风险度量值为每位专家评定的风险总分乘以各自的权威性的权重值，所得之积合计后再除以全部专家权威性的权重值的和。

该方法适用于项目决策前期，这个时期往往缺乏具体的数据资料，主要依据专家经验和决策者的意向，得出的结论也只是一种大致的程度值，它只能作为进一步分析参考的基础。

(2) 主观风险测定法

主观风险测定法是依赖风险管理者个人的经验及主观分析判断，对风险企业的风险进行评估的一种方法。通常分为传统的主观测定法和现代的主观测定法。

传统的主观测定法主要是根据风险管理者的主观判断，采用定性的分析方法。主要有经理观察法、资产负债表透视法、企业股市跟踪法、事件推测法等。

①经理观察法。即是由经验丰富的风险投资公司的经理人根据自己的经验与直觉，对风险企业的生产经营情况进行观察，然后估计出风险的大小一种方法。这种观察不需要任何财务报表与资产负债方面的数据。

②资产负债表透视法。即是由富有经验的会计师传授下来的，通过观察企业的资产负债表上的资金来源及运用情况透视出风险企业的风险程度的方法。

③企业股市跟踪法。即是根据风险企业在股票市场的价格变化情况来判断企业风险大小的方法。该方法假定风险企业的收益与风险和企业在股票市场的价格密切相关。

④事件推测法。即是利用与风险企业有关的内外部信息，对于当前影响企业的较重要事件作出一定时期内发展上的推测，并在此基础上确定企业风险的大小的一种方法。

传统的主观风险测定法带有主观、经验与定性的特点，现代的主观风险判定法则在传统主观风险测定方法的原则基础上，采用定量的分析方法，由此而将主观分析扩展到能够同时完成综合评价风险因素与测量风险临界值的双重任务。

现代主观分析方法中较具代表性的是所谓的"A记分"法。A记分法假定风险企业的经营失败不是一个突发事件，而是一个逐步的发展过程。首先将与风险企业有关的各种风险因素列出，根据影响程度不同，将风险因素分为三类：第一类是企业经营缺点，第二类是经营错误，第三类是破产征兆。然后，依据它们对企业经营失败的影响大小进行赋值，最后将所得数值或记分加和，就可以知道该企业的确切风险程度。

"A 记分"法把项目风险因素分为 17 个风险因素，共分三大类，不同的风险因素的记分值不同。第一类企业经营缺点包括：管理活动不深入、被动的领导班子、财务经理不够强、管理技能不全面、无成本监督系统、无过程预算系统、无现金开支计划、董事长兼任总经理、总经理独断专行、应变能力低 10 个因素；第二类经营错误包括：缺乏资本过头生意、过大风险项目、高杠杆负债经营 3 个因素；第三类破产征兆包括：管理停顿、经营秩序混乱、被迫编造假账、危机财务信号 4 个因素。总分值 100 分，临界值 25 分。一般认为 0 分—18 分之间为安全区，18 分—25 分之间为警戒区。

尽管 A 记分法把项目风险因素尽量给予了定量化，但是它的主要依据依然是评价者的个人判断。因此，即使是现代主观风险测定法也存在以下缺点：一是不同评判者对同一企业的风险测定结果不一样；二是评判者的判断边界模糊；三是不同评判者或分析者对各种风险因素的记分或赋值标准的观点可能不一致。这样就需要更客观或更为科学的方法来弥补其缺点，于是就导致了客观风险测定法的产生。

（3）客观风险测定法

客观风险测定法是以反映企业经营活动的实际数据为分析基础的分析测定方法。同样可以分为传统的客观测定法和现代的客观测定法。传统的客观风险测定法又可以称为财务比率分析法，该方法所依赖的所有数据都来自风险企业的财务报表。这种方法主要利用的财务比率包括酸性试验比率、流动比率、资本结构比率、存贷周转率、收入结构比率、债务比例、资本回报率、利润边际率、资产周转率等九个比率。以上九个比率，每一个只反映项目风险程度的一个方面，所以为了尽可能正确评价一个项目风险的大小，每次风险测量中最好同时考察数个比率值。但是，如何恰当地解释各个比率的大小，尤其是当它们彼此不完全一致时如何得出一个统一的结论，就成为极为费时和困难的问题，同时也使客观测量标准可能由于解释的难度而变得在结论上失去客观性。

而现代客观风险测定法的产生，使得对项目进行综合性评价和测定成为可能。**在现代客观风险测定法中，最具代表性的是奥特曼于1986年提出的"Z记分"法。**作为一种综合评价项目风险的方法，"Z记分"法首先挑选出一组决定项目风险大小的最重要的财务和非财务的数据比率，然后根据这些比率在预先显示或预测项目失败方面所起的作用大小给予不同的加权，最后将这些加权数值进行加总，就得到一个项目的综合风险分数值，将其与临界值对比，就可以知道项目的风险程度。

(4) 贝叶斯风险测定法

为了进一步把主观测定法和客观测定法结合起来，提高项目风险决策的准确性，**采用贝叶斯定理，则可以巧妙地把先验概率与客观调查结果结合起来**，根据客观调查结果不断修正原先的先验概率，形成后验概率，并据以确定各个方案的期望损益值和最优方案，使决策逐步完善，决策结果更加准确。

贝叶斯定理也称贝叶斯公式，是概率论中一个著名的定理。它得名于它的发现者——18世纪英国牧师贝叶斯。贝叶斯定理指出了根据已知的先验概率和条件概率，推算出所产生后果的某种原因的后验概率的方法。概括地说，**贝叶斯定理就是根据先验概率和与先验概率相关的条件概率求后验概率。**

利用贝叶斯定理进行风险测定，关键问题是要计算后验概率。其基本思路是：首先确定事件自然状态的先验概率，然后根据先验概率进行初步决策。随着项目的进行，可以不断地获得新的补充信息，根据这些补充信息，重新修正对原有事件概率分布的估计。经过多次修正以后，对事件的概率分布估计会越来越准确，越来越符合实际情况。后验概率采用贝叶斯公式来计算。

三、风险投资的风险管理工具

如何选择恰当的风险管理工具对风险进行有效的控制，是风险管理的重要途径之一。风险是客观存在的，风险管理者不能消灭风险，但可以通过实施不同的风险管理工具降低风险，从而最小化风险带来的损失。风险管理工具主要有：风险回避、风险转移、风险分散、风险自留与损失控制。

1. 风险投资的风险回避

风险回避是指由于考虑到风险损失的存在或可能发生，主动放弃或拒绝实施某项可能引起风险的方案。**风险投资的风险回避是指风险投资主体在决定中对高风险的领域、项目和方案进行回避，进行低风险选择**。风险回避有三个可能的途径：回避高风险的风险投资领域；回避高风险的技术创新项目；回避高风险的技术创新方案。但是风险与收益共存，高风险才可能有高回报。重要的是高风险与高回报的对称性，即更大风险是否值得，是否有能力承担，后果是什么。

风险回避的基本原则是：回避不必要的风险；回避那些远远超过企业承受能力、可能对企业造成致命打击的风险；回避那些不可控性、不可转移性、不可分散性较强的风险；在主观风险和客观风险并存的情况下，以回避客观风险为主。

风险回避能够在风险事件发生之前完全消除某一特定风险可能造成的种种损失，而其他任何方式只能减少损失发生的概率或损失的严重程度，或对损失发生后及时予以经济补偿。**避免风险是尽可能对所有会出现的风险的事业和活动避而远之，对风险损失直接设法回避**。这不失为最简单易行、全面、彻底的处理方法，而且较为经济安全，保险系数很大。所以回避风险的主要优点是将损失出现的概率保持在零的水平，并消除以前曾经存在的损失出现的机会，简便易行，经济安全。但另一方面，回避风险具有种种局限性。其一，避免风险只有人们在对风险事件的存在与发生、对损失的严重性完全有把握的基础上才具有积极的意义。如果对风险识别、风险估计尚无把握时，避免风险就可能导致失去机会，丧失企业获得高收益的进取精神。其二，避免风险是以放弃某项计划或事业作为代价。就经济活动而论，与风险相对的是收益。为了避免风险而放弃某项活动也必然要随之失去这种活动相伴随的种种机会和利益。如新技术的采用，如果全面放弃这些计划,则有因噎废食之嫌,无法产生积极的作用。所以,避免风险带来消极防御的性质,只有在风险造成的损失大于风险带来的收益的情况下,方可采用。其三,避免风险的方法可能不太现实。因避免风险就是要人们停止或放弃某项计划,使正常的生产经营活动陷于停顿。

2. 风险投资的风险转移

风险转移是指风险承担主体有意识地将损失转嫁给他人的方式。为了经济的正常运行,将风险转移出去是非常必要的。比如西方大的公司都要对自己的财产进行保险,一旦出现大的财产损失,不至于使公司破产。美国"911"事件造成大量的财产损失,这些损失是由保险公司承担了。由于企业转嫁了这种风险,在损失发生时,企业经营不受太大影响。

风险投资的风险转移,是指风险投资过程的部分风险或全部风险由一个承担主体向另一个承担主体转移。这种风险转移也分为三种形式:

(1) 转移引起风险或损失的投资

如风险投资公司一经发现所投资项目或企业成功的可能性较小,就及时退出。其余两种形式是指财务转移。即承担主体不变,只是风险损失的承担主体发生了变化。

(2) 联合投资

即在风险投资中吸收多种来源的风险投资,此时项目的承担主体仍是企业,而各风险投资公司主要是参与风险损失的分摊和风险收益的分摊。在联合投资中,风险的分摊意味着风险的一种转移,而风险转移又必然伴随着收益的分摊与转移。

(3) 参与科技保险或项目保险

保险是一种补偿措施,旨在使被保险人能以确定的小额成本(保险费)来补偿大额不确定的损失,最高补偿金额以保险金额为限。通过保险的安排,少数发生损失者,得以借大多数未发生损失者的帮助得到补偿。项目的承担主体不发生变化,仍是原来的企业,但风险损失的承担主体发生了变化,当技术创新项目失败时,保险公司将承担部分损失,即保险公司成为技术创新的财务风险的承担主体之一。在科技保险过程中,企业为了转移财务风险，则必须付出一定的风险成本，在这里，风险成本是付给保险公司的保险费，即企业以确定性的保险费来买得一种不确定性的损失。

转移风险与避免风险，既有区别，又有联系。区别在于避免风险是停止或放弃某一风险投资项目，而转移风险只是将风险造成的损失转嫁出去，风险投资项目仍然进行着，风险损失仍然存在。联系则表现在当转移风险是将产生风险的有关投资活动转移出去时，它与避免风险很相似，是避免风险的一种特殊形式。

3. 风险投资的风险分散

风险投资的风险分散，是指风险投资者通过科学的投资组合，如选择合适的项目组合、不同成长阶段的投资组合、投资主体的组合，使整体风险得到分散而降低，从而有效地控制风险。

风险投资组合的成功往往依赖于一两个项目的巨大商业成功，故有必要进行不同项目的组合。可以近似地认为，一个项目或项目组合的成功概率越过风险投资的总体平均成功率，就是一项有效的组合投资决策。

投资组合可使风险大的项目把风险分散到组合中的其他项目上，而且除了正相关情形外，风险还将大为降低，这就是风险分散原理。

根据组合投资理论，各项投资的相关性越小，越能有效地分散风险。但是，由于风险投资是与管理密切结合的投资方式，而且投资也不可无限细分，因此，项目组合也有一个可能和有效的数量范围。结合风险投资的特点可采取以下组合方式。

（1）采取不同项目的投资组合

在风险分散中，应当注意以下两点：一是高风险项目和低风险项目适当搭配，以便在高风险项目失败时，通过低风险项目能弥补部分损失；二是项目组合的数量要适当。项目数量太少时，风险分散作用不明显；而项目数量过多时，会加大项目组织的难度，以及导致资源分散，影响项目组合的整体效果。

（2）采取不同阶段的投资组合

风险企业的成长有其特殊的轨迹，一般要经过四个发展阶段：种子

期、创业期、扩张期、成熟期。不同的成长阶段，企业所需的投资、面临的风险以及投资者投资增值的机会和空间都是不同的。当风险投资家筹集到资本之后，他所面临的第一个考验就是选择在什么时机进入风险企业，以使风险最低，收益最大。**为了使风险降低，最好采用不同阶段的投资组合。**

(3) 采取投资主体多元化

集合多个投资者，联手进行投资活动，分担投资的风险。这已经被其他领域的实践证明是一种推动发展、分摊风险的有效方法。例如，国际金融市场上的银团贷款、政府和多家公司联合进行大型项目，特别是基础设施和基础产业项目的投资等等，都是行为主体组合的成功例子。

从一定意义上说，所有的风险投资都是由组合的主体进行的。各风险资本投资者提供风险资本的最初来源，组成风险投资基金等形式，交由专业的风险投资家进行具体的投资活动。于是，风险投资基金就成为风险资本投资主体组合的最普遍、最简便有效的方式。

除了风险资本组织形式内部的投资主体组合外，为了尽量降低投资的风险，风险投资家在进行投资决策时，有时会选择和其他的风险投资组织合作，例如其他的风险投资基金或风险投资公司等，联合几家风险投资组织，共同进行某一项投资活动。一般来说，这样的组合有以下五种主要形式：

- 与其他的风险投资公司合作；
- 与其他非专业的但是愿意进行风险投资的公司合作；
- 与金融服务机构合作；
- 与大学或其他机构合作；
- 上述多个主体合作。

这种合作的结果不仅降低了每个合作主体的风险，而且也会使总体的风险降低。

4. 风险投资的损失控制

损失控制是指在损失发生前全面地消除损失发生的根源，并竭力减少致损事故发生的概率,在损失发生后减少损失的严重程度。所以,**损失控制的基本点是预防损失发生和降低损失的严重程度。**

　　风险投资的损失控制,是指在对风险投资的风险因素进行充分辨识和分析的情况下,事前对风险进行预测和预控,降低风险发生的可能性或风险发生后的损失程度。风险投资的风险因素包括可控的风险因素和不可控制的风险因素,如决策风险、技术风险和生产风险中的部分风险因素是可控的风险因素,对于这些可控的风险因素,可以通过计划、组织、协调等方式对其加以预防和控制。而对于一些不可控的风险因素,如由于宏观政策环境、市场需求所导致的风险因素,则可采用风险回避、风险转移、风险分散等风险管理方式。

　　损失控制是风险管理中最积极主动的处置风险的工具。相对于其他工具和方法,损失控制更积极、合理、有效。主动地预防与积极地实施抢救比单纯地采用避免风险、转嫁风险和自担风险更具有积极的意义,它可以克服避免风险的各种局限。从全面的角度来看,损失控制优于转嫁风险。就转嫁风险而言,只是使风险从某些个人或单位转嫁给他人承担,并未能在全社会减少或消除风险损失。保险与自担风险立足于损失后的财务补偿,相对于损失控制而言是一种被动地承受风险及其后果的方法。损失控制虽然不可能完全消除损失,但它仍不失为一种积极主动地预防与减少损失的工具。

　　此外,**风险自留也是一种重要的财务型风险管理工具,它也叫损失融资。**它并非将风险转移,而是自行承担损失发生后的财务损失后果,自留风险是不同于其他处置风险的方法,自留风险不是一种风险控制工具,它是明知风险发生仍然自己承担损失后果。

四、风险投资的风险管理措施

　　对客观存在的风险建立起一种风险防范机制是十分必要和非常重要的,有了这样的机制才能防范、控制和管理风险并将风险降到最低限度。**建立风险防范机制的主要原则是要以最小的成本获得最大的安全保障,**同

时还要考虑不同的风险对象之间的区别和联系。结合风险投资的运作过程，主要的防范措施有以下三个方面。

1. 风险资本投入之前的风险防范措施

风险资本投入之前的风险主要是由信息不对称引起的。信息不对称是指交易双方在某种交易活动中，各自占有的相关信息不对等的现象。信息不对称现象在风险投资活动中表现得尤为突出。信息不对称包括事前信息不对称和事后信息不对称两种形式。风险资本投入之前的风险主要来自于事前信息不对称以及由此产生的逆向选择风险。因此，这一时期的风险防范措施的形成应建立在如何保证风险投资商能够尽可能得到来自风险企业家和风险企业的完整、准确的信息。为此，可以采取以下手段。

（1）借助商业计划书

初创时期的风险企业由于规模小、成立时间短，缺乏应有的相关记录，信息渠道狭窄。因此，给风险投资商获取有关信息带来很大不便。在此情况下，风险企业的商业计划书作为展现给风险投资商的信息通道就显得极为重要。**风险投资商可以通过商业计划书发现一些问题。**比如，从商业计划书的包装是否整洁、格式是否规范，可以判断对方的思维和工作态度是否严谨；商业计划书中对风险企业管理层的描述，可以作为全面了解企业管理者们的基础；从商业计划书中风险企业主要项目的介绍，可以了解一些风险企业家的创业经历和风险企业的发展情况等等。当然，风险投资商还要通过与有关人员的交流来证实商业计划书的真实性和可靠性。**如果商业计划书的内容与实际交流的结果存在较大的反差，那么，投资项目的风险显然就比较大。**

在借助商业计划书获取风险企业信息的同时，风险投资商还要与风险企业家进行频繁和全面的接触以便对风险企业家本人进行了解，为此风险投资商可能要付出几个月的时间。这一点对于新创企业尤为重要，因为对于这类企业而言，可以说风险企业家本人的特点就决定着企业的发展命运，对一个不合格的风险企业家的投资也就意味着风险投资的失败。风险企业家必须同风险投资商有着共同的投资经营理念，有着共同的愿望和目标,风险企业家还应具备企业者的素质,投资双方应存在共同合作的基础。这些都是获取信息、防范来自于风险企业家本身风险的重要环节。

(2) 借助中介机构推介

鉴于风险投资商在选择风险企业的过程中可能无法获取对方更多信息,风险投资商可以通过一些中介机构和关联机构的推介来筛选拟予投资的风险企业。比如,风险投资顾问机构、投资银行机构、会计师和律师机构、孵化器机构以及一些业务合作伙伴和朋友等等。这些机构由于同所介绍的风险企业的特殊关系,可能会比风险投资商更了解风险企业的真实情况,而且它们又同风险投资商在多年的交往与合作中形成了相互信任的默契关系,因此它们掌握的对所推介的风险企业的真实信息是令风险投资商放心的。另外,即使风险投资商对某些机构不甚熟悉,但是由于这些机构的地位和声誉以及它们希望从与风险投资商的长期合作中得到广泛的业务客户,所以它们仍然缺乏欺骗风险投资商的动机。这样,**这些中介机构替代风险投资商履行了获取风险企业信息的职责,在一定程度上降低了风险投资商面临的信息不对称程度**。在风险投资比较发达的美国,大约有 90%左右的风险投资项目都是经过中介机构或业内人士推荐的。

(3) 依靠专业队伍评估

风险投资商一般来说对专业技术、财务、法律等评估技能并不十分熟悉,这就需要在风险投资机构内部建立一个专业技术评审委员会,聘请相应领域的专家,为项目把脉并辅助决策,还可以聘请正规的会计师机构审计企业的财务信息,或聘请律师机构审核法律程序。这些措施都可以保证风险投资商获得信息的真实性和合法性,从而可以降低风险。

(4) 采取辛迪加投资方式

辛迪加投资是一种联合投资的方式。在风险投资的过程中几家风险投资机构共同对一个项目进行投资就是一种辛迪加投资方式。

这种投资方式的产生是由于一些项目所需要的风险资本额度比较大,某一家风险投资机构独立投资则风险过大,多家合作可以分担风险。另外,某一项目如果被多个风险投资商共同认可,则可能会有更大的成功率。还有,通过联合投资,风险投资商们彼此之间都为对方扩大了接触优

秀投资项目的渠道。**辛迪加投资的结果，使风险投资机构之间可以建立起有效的信息沟通渠道以减少信息不对称所带来的风险。**

(5) 采取投资组合方式

风险投资商为了回避可能出现的投资风险，可以将一项投资基金分别投到相互独立的不同的投资项目上去，分散投资风险。这样，即使在某些项目上投资失败，则另一些项目的投资成功也会完全弥补失败项目的损失。许多风险投资机构在自己的风险投资制度中都规定，对某一项目的投资不得超过所筹集风险资本总额的一定比例，这一比例一般在10% N20%左右。这种投资组合方式可以降低风险。

(6) 采取分段投资方式

根据风险企业的不同发展阶段，将对风险企业的投资分为不同的时间段注入企业发展的不同时期（种子阶段、创立阶段、扩展阶段、成熟阶段）就是一种分段投资的方式。这种方式以不同额度陆续投入风险资本能够达到减少损失、回避风险的效果。在这一过程中，风险投资商对下一阶段的资金投入情况及交易价格都依赖于投资双方对项目前一阶段运行情况的评价。如果项目运行良好，风险呈现降低趋势，则风险投资商会追加投资，否则，风险投资机构可能减少甚至停止追加投资。这种投资方式的风险显然要比一开始就全部注入资金要小得多。与此同时，随着双方合作的深入，风险投资商还可以越来越多地了解风险企业家的私有信息以及投资项目的全面信息，由于获取的信息量和信息的真实性大大提高，风险投资商对项目的认识更加清晰，对项目的预测更加精确，有利于对终止投资或是继续投资作出正确的决策。**风险投资的成功在很大程度上取决于及早终止失败项目和对成功项目的大力支持。**

(7) 采取专业化投资方式

风险投资的专业化有两层含义：第一，投资行业的专业化。风险投资商可以选择自己比较擅长的行业进行投资，而一般情况下不对自己不熟悉的行业进行投资；第二，投资地区的专业化。即风险投资商将投资经常性地针对于某一个地区。行业投资的专业化是基于投资项目的高技术特点要求很高的专业化程度，而风险投资家以前可能就是这一投资领域成功的技术专家或企业家这一特点来考虑的；地区投资的专业化是基于风险投资家可能更了解某一地区的市场和行业发展状况及其前景，从而便于对投资进行管理和监督这一特点来考虑的。另外，对所投资的行业和地区越熟悉，防范风险的能力就越强。由于风险投资家个人的专业知识和所熟悉的行业、地区很有限，随着投资领域的扩展获得信息的优势就越小，投资风险也就越大。所以，**风险投资家的投资应该具有边界，这个边界就是风险投资的专业化。专业化程度越高，风险就越低。**

（8）确定风险选择原则

风险企业在未来可能面临的风险通常包含五个方面，即研发风险、技术风险、市场风险、管理风险和成长风险。在风险企业处于其发展的种子期、创立期、扩展期和成熟期某一阶段的时候，这五种风险的表现强弱也各不相同。比如，在种子期，风险企业面临的主要风险可能是研发风险和技术风险；而在扩展期，风险企业则可能会面临市场风险、管理风险和成长风险等等。风险投资商通过研究风险企业所面临的风险种类及数量，确定风险企业未来风险的大小，从而作出是否投资的决策。**在一般情况下，如果风险企业所面对的以上五种主要风险超过两个以上，那么风险投资商就不应该予以投资，否则将大大增加投资的风险性。**另外，在风险和收益相同的情况下，风险投资商应该选择市场规模更大的风险企业进行投资。

2. 风险资本投入之后的风险防范措施

风险资本投入之后的风险主要来自事后信息不对称以及由此产生的道德风险，同时，风险投资商还要考虑风险企业本身所面临的风险（即间接风险）。面对可能的风险，风险投资商需要解决的问题是如何使风险企业形成一个合理的公司治理结构和建立起有效的内部管理制度来降低风险。

（1）利用双方认可的投资契约防范风险

投资契约是对投融资双方的一种约束协议，双方必须按照协议的内容履行各自的义务并承担相应的责任。风险投资商可以在协议中通过对投资形式、投资工具、退出安排以及对风险企业的制度要求等条款的设计，来降低双方信息不对称的程度。将风险投资商所承担的风险部分转移到风险企业身上，以激励风险企业与风险投资商同舟共济，实现共同的目标。**一套有效而完备的投资契约，有助于减少道德风险的产生，削弱风险企业家对风险投资机构利益的损害。**

①激励与约束机制的要求。风险投资商为了保证风险企业公司治理结构的合理性，往往在投资契约中要求风险企业在所有者和经营者之间建立起有效的激励与约束机制，使二者所追求的目标尽可能地保持一致，避免经营过程中出现不应有的风险。对经营者的激励主要通过经营者持股和赋予经营者一定的购股期权等形式；而对经营者的约束则通过雇佣条款和规定经营者的工作职权范围等形式。这样，可以在很大程度上缓解经营者过分追逐风险、不遵循机构本身的投资策略和既定方针、给自己订立过高的报酬以及一些关联交易等问题的发生，使经营者控制自己的行为。

②股权安排的要求。风险资本对风险企业的权益投资可以采用不同于普通股的优先股的形式。而且，为了具有更大的灵活性还可以进一步采取可转换优先股的形式。由于经营者手中持有的是普通股，与可转换优先股相比在分配上处于劣势地位，如果风险企业的盈利状况不佳，那么，在支付完优先股的股息之后，普通股有可能已经无利润可分了。因此，**风险投资商在投资契约中明确这样的股权安排势必会激励企业经营者努力将公司带入成功的发展轨道。**

③表决权的要求。如果风险投资商采取可转换优先股等金融工具进行风险投资，那么，正常情况下是不具有投票表决权的。这样势必会导致对风险企业的失控，从而加大投资风险。为了解决这一问题，风险投资商可以在投资契约中为表决权制定附加条款，即不仅允许优先股具有像普通股一样的表决权，而且还允许优先股附加超额投票权（比如一个股份所代表的投票权可以是其他普通股投票权的两倍等）或者重大问题否决权（对重大问题可以一票否决）。这一制度安排保证了风险投资商不管以何种金融工具结构投资都能对风险企业拥有足够的控制权。

(2) 通过风险投资的后续管理来防范风险

风险投资商除了防范信息不对称所造成的风险，还要应对风险企业本身所面临的技术风险、市场风险和管理风险等。对于这些风险，风险投资商惟一可行且有效的措施就是参与风险企业的管理。参与的方式是通过在风险企业董事会中占有的席位以及向风险企业监视会中派出财务监视,随时对企业的经营情况、财务状况和管理层素质进行监督和评定,审核企业的财务报表是否存在问题以及如何调整,并有权在管理层不遵循契约规定或经营出现偏差时,向风险企业提出意见。**如果管理者不能胜任,风险投资商还可以帮助企业寻找新的管理人才。**这样,风险投资商便可以监督和控制风险企业的重大决策。帮助风险企业完善内部治理,在内部形成完善的管理制度和财务制度,提高企业抵御风险的能力。

3. 市场环境与投资风险的缓解机制

风险投资市场环境的好坏决定着风险投资防范措施实施的效果,任何一项来自于政府的风险分担政策和机制都会在不同程度上缓解风险投资的投资风险。而且,有了这一政策和机制,风险投资的风险防范体系才是完整的。风险分担政策和机制主要体现在两个方面:一是创造保护风险投资发展的法律环境;二是制定鼓励风险投资发展的政策和风险补偿机制。

(1) 缓解风险的法律保护环境

规范的市场机制是风险投资防范风险的保障,而法律环境是形成这样一种市场机制的坚实基础。法律环境必须能够保障风险资本的流动性,保障风险资本能够采取灵活的投资工具,保障风险资本退出渠道的通畅,保障风险投资机构组织结构的合理性等。相反,如果没有法律的保障则无疑为风险投资市场机制的形成设置了障碍,而设置障碍的本身就加大了风险投资的风险。

(2) 缓解风险的鼓励政策和补偿机制

风险投资的鼓励政策可以降低风险投资的运作成本,而风险投资的补偿机制则可以弥补风险投资的投资损失。这两种方式都以不同的形式缓解了风险投资的投资风险。比如,美国为了鼓励本国风险投资的发展将资本收益税率从49.5%降到28%,而后又进一步降至20%,使风险投资商可以从资本收益中拿出更多的资金去补偿因投资失败所造成的损失,因而迅速扩大了美国风险资本的规模。欧洲等一些国家还采取了其他基于本国特点的方式来补偿风险投资的投资风险。比如:英国采取保险投资的方式为

 点石成金——企业风险投资的运作

风险投资进行一定额度的保险,以化解风险投资的风险程度;而法国允许将从事风险投资过程中所损失的资金用来抵扣风险投资的税款等等。在制定鼓励政策和补偿机制以缓解风险投资机构的投资风险的同时,许多风险投资的发达国家还将降低风险、鼓励投资的措施受益目标瞄准了风险投资机构的投资对象——风险企业,它们认为解决风险企业的问题同样可以帮助风险投资商减少投资风险。为此,英、法、德、日等许多国家都建立了旨在鼓励新创科技企业发展的科技研发基金,对于被认定的风险企业的研发项目予以拨款扶植,而且一旦项目失败则无需偿还。这种措施激励了研发热情,促进了技术资源的积累,提高了风险企业的项目成熟度,从而使风险投资商在筛选投资项目的时候,可以面对数量更多、风险更低的投资对象。**我国也应该借鉴西方国家的经验,推动我国风险投资的健康发展。**